한국사찰의 주련

(韓國寺刹의 柱聯)

· ·

권 영 한 지음

전원문화사

머 리 말

내가 주련(柱聯)에 관심을 가진 것은 약 30여 년 전부터였다. 절 기둥에 적혀 있는 글귀의 뜻이 너무나 감동적이고 심오해서 큰 감명을 받았을 뿐만 아니라, 글씨 또한 명필이고 획 하나하나가 주옥같이 아름답게 빛나보였다.

조용한 고찰(古刹)을 찾아가 기둥에 걸려 있는 주련의 글귀를 가만히 읽어 보면 한없이 큰 환희심이 마음 속 깊은 곳에서 일렁인다. 그 글을 적은 분의 마음과 내 마음이 서로 교합(交合)하는 것만 같다.

너무나 감동적이고 너무나 환희롭다.

이 환희로운 마음을 어떻게 표현하랴!

그래서 나는 약 20여 년 전부터 전통 사찰(寺刹)의 현판(懸板)과 주련들을 하나하나 본격적으로 조사하고 수집하기 시작하였다. 처음에는 필사(筆寫)하였으나 몇 해 전부터는 사진으로 찍어 왔다. 그리하여 20여 년 동안 모은 주련이 약 300여 곳 사찰의 것에 이르렀다.

주련의 글귀는 해석하기에 어려움이 있는 것은 물론이지만, 읽기조차 힘든 경우가 많았다. 지금은 잘 쓰이지 않는 고자(古字)와 특별한 초서체(草書體) 등은 글자 자체가 어떤 글자인지 알기 힘들었다.

내용도 경전(經典)이나 논장(論藏) 등에 있는 글은 원전을 찾아서 해석하였으나, 스님들의 오도송(悟道頌)이나 열반송(涅槃頌) 등은 그 글을 쓴 분의 오묘한 경지에 들어가지 않고는 도저히 이해 못할 격외(格外)의 구절들이어서 쉽게 손댈 수 없었다.

그러나 다행이 많은 큰스님들의 도움으로 이 작은 책이 여러분 앞에 나오게 된 것을 무척 다행으로 생각한다.

이 책을 편집하는 데는 다음과 같은 원칙을 지켰다.

○ 고찰의 주련을 주로 수집하였다.
○ 각 사찰 전각에 실제 적혀 있는 상태를 그대로 조사하였으므로 같은 주 련이라도 사찰이 바뀌면 몇 번이고 다시 소개하였다.
○ 고승들의 오도송이나 열반송 등은 글자 해석에만 그쳤다.
○ 가급적 내용에 주석을 달지 않은 것은 독자들 스스로 생각할 공간을 넓 히기 위함이다.
○ 초보자와 한글 세대들을 위하여 어려운 낱말과 한자에는 해설을 붙였다.
○ 처음 조사하였을 때와 지금의 상태가, 사찰의 증축과 보수로 조금 달라진 것이 있다면 이는 추후 보완하기로 한다.

앞으로 이미 모아 둔 자료와 새로 모을 자료들을 정리해서 2집, 3집 을 더 발간해서 많은 불자(佛者)들과 이 방면에 관심이 있는 분들의 참 고가 되게 하고자 한다.

끝으로 이 책을 펴내는 데 많은 도움을 주신 큰스님들과 불교 서적 출판에 남다른 열정을 쏟으시는 전원문화사의 김철영 사장께 진심으로 감사드린다.

1996년 7월 7일

大哉堂人

青南 權 寧 漢

차 례

가 야 산 해 인 사
伽倻山海印寺

●

경상남도 합천군 가야면 치인리(대한불교 조계종 제12교구 본사)

신라 40대 애장왕(哀藏王) 때 순응(順應)과 이정(利貞)이 창건한 고찰이
다. 전설에 따르면 애장왕비는 전신에 심한 피부병을 앓게 되어 백약이
효과가 없고 병은 날로 심해져서 드디어 죽게 되었다. 왕과 백성의 슬픔
은 이만저만이 아니었다.

그러던 어느 날 밤 가야산 산신령이 왕의 꿈속에 나타나서 "가야산에
가면 왕비의 병을 고칠 수 있는 약을 구할 수 있다."라고 했다. 왕은 즉시
사람을 보냈는데, 사신들은 가야산에서 글을 읽는 두 사람의 도승을 만나
왕비의 병을 고칠 수 있는 처방과 오색실을 얻어 돌아왔다.

긴 오색실의 한쪽은 왕비의 몸에 감고 다른 한쪽은 침전 앞에 있는 배
나무에 감은 후 모두 그 밑에 모여 부처님에게 축원을 드렸더니, 왕비의
몸에서 작은 벌레가 무수히 기어나와 오색실을 타고 배나무로 모두 옮겨
가서 배나무가 말라죽고 왕비의 병이 말끔히 나았다.

왕은 기뻐서 즉시 가야산으로 사람은 보내 두 도승을 찾았다. 그들은
바로 순응(順應)과 이정(利貞)이었다. 왕은 왕비의 병을 고쳐준 보답으로
그들의 소원을 물었다. 그리고 그들의 소원에 따라 가야산에 절을 짓고
이름을 해인사((海印寺)라고 했다고 한다.

法寶殿 법보전

圓覺道場何處 원각도량하처
現今生死卽是 현금생사즉시

(글·글씨 남천(南泉))

원각도량(圓覺道場)이 어느 곳인가?
지금 생사(生死)가 있는 바로 이 자리.

㊀ 깨달음을 위한 수행의 도장은 따로 있는 것이 아니고 지금 우리가 살고
있는 일상의 생활 현장이 바로 그 도량이라는 내용의 게송이다.
• 원각(圓覺) … 부처님의 원만한 깨달음.
• 도량(道場) … 성불의 장소. 불도 수행(佛道修行)을 위한 장소.

修多羅藏 수다라장

四十年說何曾法　사십년설하증법
六千卷經獨此方　육천권경독차방

(글·南泉, 글씨·申觀浩)

40년 말씀이 일찍이 무슨 법문(法文)이었을까?
육천 권의 경전이 홀로 여기 있네.

㈜ 부처님께서 40여 년간 설법하신 내용이 육천여 권의 경전으로 정리되어
여기 있으니 모든 수행자는 열심히 독송해서 성불하라는 가르침.
• 南泉(남천) … 조선 고종 때 승려(1868~1936). 성은 김(金), 법호는 광
언(光彦), 합천 출신으로 18세에 해인사 신해(信解)에 출가하여 장섭
(仗涉)의 법을 이어받다. 선종의 중앙 기관인 선학원(禪學院)을 서울
에 세운 스님.

普眼門 보안문

佛身充滿	불신충만
法力難思	법력난사

(글씨·海岡)

부처님은 법계(法界)에 충만하시고
법력(法力)은 불가사의하시다.

㈜ 이 우주 어디에도 부처님이 아니 계시는 곳 없고, 불가사의한 부처님의
법력(法力) 미치지 않는 곳이 없음을 찬탄한 글.
 •佛身(불신) … 부처님의 몸, 즉 부처님.
 •法力(법력) … 불법의 위력.

大寂光殿 대적광전

佛身普放大光明	불신보방대광명
色相無邊極淸淨	색상무변극청정
如雲充滿一切土	여운충만일체토
處處稱揚佛功德	처처칭양불공덕
光相所照咸歡喜	광상소조함환희
衆生有苦悉除滅	중생유고실제멸

(글·華嚴經, 글씨·大院君)

부처님이 대광명(大光明)을 두루 놓으사
형색(形色)과 모양 가이없어 지극히 청정하시네.
구름이 모든 국토(國土)에 충만하듯이
곳곳에서 부처님의 공덕을 찬탄하시네.
광명이 비치는 곳 넘치는 환희여
중생은 고통을 씻은 듯이 잊는도다.

拈花室 염화실

定力超香篆 정력초향전
齊心稱淨衣 제심칭정의
石怪魚翻藻 석괴어번조
花奇鳥囀詩 화기조전시

培栽心上地 배재심상지
涵養性中天 함양성중천

정력(定力)은 향 연기 피어오름보다 더 고요하니
제계(齋戒)한 마음 정의(淨衣)라 이르네.
돌이 괴이하니 고기가 수초를 헤집고
꽃이 기이하니 새가 시(詩)를 읊조린다.

마음의 텃밭을 일구어
본성(本性)의 꽃을 가꾼다.

㈜ • 定力(정력) … 모든 산란(散亂)을 쳐부술 수 있는 선정(禪定)의 힘.
• 齊心(제심) … 齊戒心(제계심). 부정을 버리고 몸을 깨끗이 하는 마음가짐.
• 淨衣(정의) … 절에 갈 때나 장사지낼 때 입는 깨끗한 옷.
• 翻(번) … 날 번, 뒤집을 번.

堆雪堂 퇴설당

春秋多佳日　춘추다가일
義理爲豊年　의리위풍년
靜聽魚讀月　정청어독월
笑對鳥談天　소대조담천
雲衣不待蠶　운의부대잠
禪室寧須稼　선실영수가
石鉢收雲液　석발수운액

(글·경허 스님)

춘추로 좋은 날 많더니
의리(義理)의 풍년 들었네.
고요한 밤 물고기가 달 읽는 소리를 듣기도 하고
웃으며 새와 천문(天文)을 이야기하네.
누더기면 그만인걸 누에 칠 시기 기다리지 않네.
선방에서 어찌 농사는 바라는가?
돌 바루에 운액(雲液)을 거두리.

㈜ 선의 경지에 몰입한 기쁨을 나타낸 게송.
　• 雲液(운액) … 술을 가리키는 말.
　• 雲衣(운의) … 누더기 옷.
　• 天(천) … 천문, 천체의 온갖 현상.

禪悅堂 선열당

唯以無念爲宗 유이무념위종

오로지 무념(無念)으로서 종(宗)을 삼는다.

㊟ • 無念(무념) … 대상의 상(相)을 초월한 진여(眞如)의 본성을 관(觀)하
여 마음까지도 여의는 것을 무념이라 함.
• 宗(종) … 종문의 교의의 취지.

冥府殿 명부전

掌上明珠一顆寒　장상명주일과한
自然隨色辨來端　자연수색변래단
幾回提起親分付　기회제기친분부
闇室兒孫向外看　암실아손향외간

(글 · 香花請, 글씨 · 海岡)

손바닥 위 한 개의 밝고 영롱한 구슬
색은 빛깔따라 어김이 없어라.
몇 차례나 친절히 전해 주었건만
어리석은 아이들은 밖을 향해 찾도다.

㈜ • 明珠(명주) … 明月摩尼(명월마니)라고도 함. 寶珠(보주)의 빛이 밝은
　　달과 같으므로 이같이 말함.
　• 一顆(일과) … 한 알.
　• 兒孫(아손) … 衆生(중생).

명부전

應眞殿 응진전

閒情一鉢囊	한정일발낭
林鳥來相悅	임조래상열
諸天影裏鍾	제천영리종
公案欲花雨	공안욕화우
山空花自開	산공화자개

〈글씨·海岡〉

한가로운 마음 바랑 속에 담아 두고
날아드는 숲의 새와 함께 선열(禪悅)을 서로 나눈다.
종소리에 모든 천상 그림자가 있고
공안(公案)에 꽃비 내리고져 한다면
사상산(四相山)을 비우면 꽃 저절로 피리라.

㊟ •제천(諸天) … 천상계(天上界)의 모든 부처님.
 •공안(公案) … 선종(禪宗)에서 수학인(修學人)에게 깨달음을 얻게 하기 위해 내는 문제.
 •산(山) … 사상산(四相山). 아상, 인상, 중생상, 수자상을 말함.
 •아상(我相) … 오(悟)를 집착(執着)하여 아(我)라 한다.
 •인상(人相) … 집착(執着)하지 않는데 집착하여 아(我)가 오(悟)하였다는 마음이 있는 것.
 •중생상(衆生相) … 아상(我相), 인상(人相)을 여의었으면서 오(悟)의 상(相)에 집착(執着)하는 것.
 •수자상(壽者相) … 중생상(衆生相)에서 한걸음 나아갔으나 아직도 능각(能覺)의 지혜(智慧)를 가지는 것.

觀音殿 後面 관음전 후면

習馬勝之威儀 습마승지위의
學婆離之軌範 학바리지궤범

（글·律藏, 글씨·日陀）

마승비구(馬勝比丘)의 위의(威儀)를 배우고
우바리 존자(尊者)의 궤범(軌範)을 배운다.

㊟ • 마승(馬勝) ··· 마승비구(馬勝比丘). 석존의 첫번째 제자인 다섯 비구
　　중 한 사람.
　• 파리(婆離) ··· 부처님의 10대 제자 중 한 사람인 우바리 존자.
　• 위의(威儀) ··· 예법에 맞는 엄숙한 몸가짐.
　• 궤범(軌範) ··· 본보기가 되는 규범이나 법도.

極樂殿 극락전

自從今身至佛身 자종금신지불신
堅持禁戒不毀犯 견지금계불훼범
唯願諸佛作證明 유원제불작증명
寧捨身命終不退 영사신명종불퇴
我昔所造諸惡業 아석소조제악업
皆由無始貪瞋痴 개유무시탐진치
從身口意之所生 종신구의지소생
一切我今皆懺悔 일체아금개참회

(율장 立志偈)

지금 이 몸 불신(佛身)이 되기까지
굳게 계율(戒律)을 지켜 추호도 범(犯)하지 아니하리니
바라옵건대 모든 부처님께서는 증명하시옵소서.
차라리 목숨을 버릴지언정 끝내 물러나지 아니하겠습니다.
제가 지난날 지은 모든 죄악업(罪惡業)들은
하나같이 한량없는 탐진치(貪瞋痴)로 일어났네.
몸과 입과 뜻을 좇아 생겨난 바
모든 죄업(罪業)을 나 이제 모조리 참회합니다.

극락전

觀音殿 관음전

七重寶樹圍金界 칠중보수위금계
一片氷心在玉壺 일편빙심재옥호
此時聞木犀香乎 차시문목서향호
當下知梅子熟矣 당하지매자숙의
黃菊充庭秋富貴 황국충정추부귀
雙藤滿地古烟霞 쌍등만지고연하
身似菩提心似鏡 신사보리심사경
雲在靑天水在甁 운재청천수재병

〔글·馬祖(앞4행까지), 黃山谷(다음 3행까지), 若山(끝1행), 글씨·海岡〕

칠겹 보수(寶樹)가 극락 세계를 에워싸고
일편빙심(一片氷心)이 옥(玉) 항아리 속에 들어 있네.
이때 물푸레나무 향내를 맡았느냐?
곧 바로 매화나무 열매가 잘 익은 줄 알았다.
노랑 국화가 뜰에 가득하니 가을이 부귀롭고
얼키설키 등(藤)나무 덮인 숲 옛 산수(山水) 경개로구나.
몸은 지혜(智慧)의 나무 마음은 거울과 같으며
구름은 청천(靑天)에 물은 병(甁) 안에 있네.

㈜ 관세음 보살의 한량없는 자비심과 사랑을 찬양한 게송.
• 마조(馬祖) … 당나라 강서(江西)의 도일선사(道一禪師)를 말함.
• 금계(金界) … 금사계(金沙界)의 준말. 관세음 보살이 사는 극락 세계.

寶藏殿 보장전

七重寶樹圍金界	칠중보수위금계
一點閒燈伴白雲	일점한등반백운
簇簇法雲生片刹	족족법운생편찰
霏霏花雨散諸峰	비비화우산제봉
已無踪跡到人間	이무종적도인간
却指容顏非我相	각지용안비아상
香裊金爐花放鉢	향뇨금로화방발
海日蟠桃開壽域	해일반도개수역

(글씨 · 大院君)

칠 겹 보수(寶樹)가 극락 세계를 에워싸고
일점한등(一點閒燈)이 백운(白雲)과 짝하네.
뭉게뭉게 법운(法雲)은 편찰(片刹)을 지어내고
부슬부슬 꽃비 산봉우리마다 흩날린다.
인간에 머문 자취가 끊어져서
이제는 이 얼굴도 내 모습이 아니라네.
향 연기 금로(金爐)에서 피어오르고 꽃송이 발우에 만발한데
해일(海日) 천도복숭아로 수역(壽域)을 열었다.

㊀ 이 주련의 글씨는 대원군이 쓴 것으로 전해지고 있다. 게송은 세 명의
조사들이 지은 것을 모은 것이다. 앞의 4행은 마조도일의 게송이고 다
음 3행은 황산곡, 마지막 1행은 약산의 게송이다.
각기 다른 게송을 이렇게 한데 모아 하나의 뜻을 전할 수 있는 것이 주
련의 묘미이기도 하다.
• 금계(金界) … 금강계(金剛界)를 뜻함.
• 한등(閒燈) … 한가로운 등, 조용한 등.

九光樓 구광루

六根但守三空戒　육근단수삼공계
雙眼曾得七祖燈　쌍안증득칠조등
寶刹樓臺八面通　보찰루대팔면통
珠林雲樹千山合　주림운수천산합
清景常開松嶺月　청경상개송령월
香泉時擊石門風　향천시격석문풍
玉毫不着世間塵　옥호불착세간진
日晃金輪湧佛光　일황금륜용불광

(글씨 · 大院君)

육근(六根)이 단지 삼공계(三空戒)를 지키기만 하면
쌍안(雙眼)으로 벌써 칠조등(七祖燈)을 얻은 것을
보찰(寶刹)의 누대(樓臺)는 팔면으로 통하고
주림운수(珠林雲樹)는 천산(千山)에 모였도다.
청경(清景)은 항상 송령월(松嶺月)을 열고
향천(香泉)은 때때로 석문(石門)을 쳐서 노래한다.
옥호(玉毫)에는 세상의 티끌이 닿지 않아서
일황금륜(日晃金輪)으로 불광(佛光)이 용솟음친다.

㊟ • 육근(六根) … 육식(六識)이 육경(六境)을 인식하는 경우, 그 소의(所依)가 되는 비설신의 여섯 가지 뿌리.
• 삼공계(三空戒) … 삼공(人空·法空·俱空)의 계율.
• 칠조(七祖) … 화엄칠조(華嚴七祖)를 말함.
① 마명보살 ② 용수보살 ③ 중국의 두순 ④ 운화존자 지엄
⑤ 현수대사 법장 ⑥ 청량대사 증관 ⑦ 규봉대사 종밀
• 등(燈) … 등명(燈明). 등을 밝혀 얻는 커다란 공덕.
• 일황(日晃) … 해와 같이 밝음.
• 옥호(玉毫) … 부처님의 백호상(白毫相)을 말함.

窮玄堂 궁현당

閒情且向貧中覓	한정차향빈중멱
妙用還從樂處生	묘용환종락처생
鍾聲洗盡浮塵念	종성세진부진념
澗水流消絆俗緣	간수류소반속연
路上白雲隨意摩	노상백운수의마
鏡中淸影任吾窺	경중청영임오규
一塵不到菩提地	일진부도보리지
萬善同歸般若門	만선동귀반야문

(글씨 · 海岡)

한정(閒情)은 반드시 가난 가운데서 찾을 일
묘용(妙用) 역시 낙처(樂處)에서 나온다.
종소리에 헛된 망상 다 씻고
산골 물로 세속에 얽힌 반연(攀緣) 띄워 보낸다.
노상의 백운을 헤치고(뜻대로 만지며)
경중(鏡中) 청영(淸影) 임의로 들여다본다.
티끌 하나도 보리지(菩提地) 닿지 않아서
만선(萬善)이 모두가 반야문(般若門)으로 돌아오네.

㊟ 산골에서 수도하고 기도하고 염불하며 사는 진실된 기쁨을 나타낸 글.
• 한정(閒情) … 한가로운 마음, 부족함 없이 넉넉하고 여유로운 마음.
• 묘용(妙用) … 교묘한 활용, 신묘(神妙).
• 낙처(樂處) … 가난을 즐기는 초월한 마음.
• 반연(攀緣) … 마음이 대상에 의지해서 작용을 일으키는 것. 번뇌 망상의 시초이며 근본이 된다.
• 보리지(菩提地) … 지혜의 근본 바탕.

院主室 원주실

境境俱無我	경경구무아	理通天地秘	이통천지비
道全聖賢微	도전성현미	白雪和雲搗	백설화운도
丹霞待月鋤	단하대월서	蘊玉誰知寶	온옥수지보
移蘭自有香	이란자유향	天鼓鳴鳴地	천고명명지
四隣醉道場	사린취도량	德成言乃立	덕성언내립
義在利斯長	의재이사장	藏古今學術	장고금학술
處天地精華	처천지정화	煮海能共國	자해능공국

〔글씨 · 海岡〕

경계(境界)마다 한결같이 무아(無我)이고
이치는 천지의 비밀에 통하며
도(道)는 성현의 미묘함까지 갖추었네.
백설은 구름과 함께 방아를 찧고
저녁노을은 달이 호미질하기를 기다린다.
무더기진 옥인데도 누가 보배로 알아보나?
옮겨 심은 난(蘭)에서 절로 향기가 나네.
천고(天鼓)가 두둥둥 땅에 울려 퍼지니
사방 도량이 취한 듯하구나.
덕을 갖추면 말에 이치가 서고
진실하면 의로움이 쌓인다.
고금의 학설을 소장(所長)하고
천지의 정화(精華)에 머문다.
바닷물을 끓여서 국가에 봉공(奉共)한다.

㈜ 오랜 세월이 흐르는 사이 여러 사정으로 처음 만든 주련이 훼손되거나
소실되어 남은 것들을 적당히 꿰맞추는 경우가 있어 전체의 뜻이 조금
이상한 것들이 가끔 발견되기도 한다.
• 경계(境界) … 감각 기관 및 의식을 주관하는 마음의 대상.
• 무아(無我) … 자기의 존재까지도 잊는 것.
• 정화(精華) … 정수가 될 만한 뛰어난 부분.

窮玄堂 後面 궁현당 후면

雲歸峰翠屹 운귀봉취흘
石立水聲虛 석립수성허
相與逍遙日 상여소요일
清緣自有餘 청연자유여

〈글씨·海岡〉

구름 걷히자 푸른 봉우리 우뚝 솟네.
우뚝 솟은 바위 사이로 물소리 허허롭다.
서로 어울려 소요(逍遙)하던 날.
청연(清緣)이 절로 남아돌았거니.

㊟ 마음속에 번뇌 망상의 구름 걷히니 티 없이 맑은 마음
푸른 하늘에 산봉우리처럼 우뚝 솟네.
깨달음을 얻은 후 모든 것이 여유롭고 넉넉하며 막힘이 없음을 기뻐하
는 게송.
• 소요(逍遙) … 슬슬 거닐며 돌아다니는 것.
• 청연(清緣) … 맑고 숭고한 인연과 관계.

經學院 경학원

性情獨許得其眞　　성정독허득기진
果分金碗綠香淸　　과분금완록향청
景物因人成勝槩　　경물인인성승개
富貴於我如浮雲　　부귀어아여부운
風雅只今留此席　　풍아지금유차석

(글·王勃, 글씨·隱樵)

성정(性情)이 순일(純一)하니 그 진(眞)을 얻고
과일을 나눠 담은 금완(金碗)에 녹향(綠香)이 싱그럽다.
경계(境界)와 물건은 사람따라 승개(乘槩)를 이루고
부귀는 나에게 뜬구름과 같으니
풍경아취(風景雅趣)가 지금 이 자리에 머문다.

㊟ • 성정(性情) … 성질과 심성, 혹은 타고난 본성.
　 • 승개(勝槩) … 칭계.
　 • 풍아(風雅) … 아름다운 경치와 운치. 풍경아취(風景雅趣)의 준말.

鳳凰門 봉황문

雷鳴天地同時吼　뇌명천지동시후
雨霽江山一樣靑　우제강산일양청
物極魚龍能變化　물극어룡능변화
道精石佛自神靈　도정석불자신령

〈글씨·海岡〉

우뢰가 치니 천지가 동시에 사자후(獅子吼)하고
비가 개니 강산이 한결같이 푸르다.
만물이 지극하면 어룡(魚龍)이 능히 변하고
도가 정미로우면 석불도 절로 신령스러워진다.

㊟ 부처님의 설법은 그 무엇보다도 권위가 있는 진리의 말씀이다. 정성을
다하여 배우고 실천하면 모든 일이 형통하다는 것을 가르쳐 주는 게송.
• 물(物) … 일반적으로 의식의 대상이 되는 모든 것들.
• 사자후(獅子吼) … 부처님이 낭랑한 목소리로 설법하면 수백의 왕들이
굴복하는 것을 사자가 큰소리지르는 것에 비유한 말.
• 어룡(魚龍) … 물 속의 동물을 통틀어서 일컬음.

解脫門 해탈문

毘盧遮那佛願力周法界　비로자나불원력주법계
以最後勝體詣菩提道場　이최후승체예보리도량
圓解脫深因登金剛寶座　원해탈심인등금강보좌
伽倻山中成就無上正覺　가야산중성취무상정각
海印三昧常說大華嚴經　해인삼매상설대화엄경
一百四十功德不共二乘　일백사십공덕불공이승
八萬四千法門高超十地　팔만사천법문고초십지

비로자나불 원력이 법계에 두루 미치어
최후의 승체(勝體)로 보리도량에 나오시어
원해탈(圓解脫) 심인(深因)으로 금강보좌에 오르시고
가야(伽倻) 산중에서 무상정각을 성취하셔서
해인삼매(海印三昧)에서 대화엄경을 상설하신다.
일백사십 공덕은 이승과 같지 아니하시고
팔만사천 법문은 십지(十地)를 높이 뛰어넘으셨다.

一柱門 일주문

歴千劫而不古 역천겁이불고
亘萬歲而長今 긍만세이장금

(글·涵虛, 글씨·海岡)

천겁(千劫)을 지나도 옛날이 아니요
만세(萬歲)를 뻗쳐도 항상 오늘.

㊟ 심오한 불교의 시간관을 잘 나타낸 글이다.
　　천 년 만 년 수억 년을 거슬러 올라가도 옛날이 아니고, 천 년 만 년
수억 년을 앞으로 나아가도 항상 지금이지 미래는 아니라 한다. 잘 생
각해 보면 긍정할 수 있는 깊은 뜻이 담겨 있다.
• 역(歷) … 지나가다.
• 겁(劫) … 아주 긴 시간의 단위. 가로 세로 높이가 각각 40리가 되는 바
　위 위에 100년마다 한 번씩 하늘의 선녀가 내려와서 춤을 출 때, 그
　선녀의 옷자락으로 바위가 모두 닳아 없어지는데 소요되는 기간보다
　더 긴 시간.
• 긍(亘) … 뻗을 긍.

局司壇 국사단

局司大神振玄風	국사대신진현풍
消災降福願皆從	소재강복원개종
洞察人間如反掌	통찰인간여반장
教化群生一切同	교화군생일체동

(글씨 · 海岡)

국사대신(局司大神)이 현풍(玄風)을 떨침이여
모든 중생의 재앙을 막고 소원을 이루어 주시네.
인간 세상 보시기를 손바닥 들여다 보듯 하셔서
중생을 교화하여 일체 같게 하시네.

㊟ • 국사단(局司壇) … 한 절의 경내를 맡아보는 귀신을 봉안한 사당.
 • 현풍(玄風) … 이치나 아취가 헤아리기 어려울 정도로 깊은 풍취.
 • 통찰(洞察) … 환히 살펴서 온통 밝힘.
 • 반장(反掌) … 손바닥을 뒤집는 것과 같이 일이 썩 쉬움.

영 취 산 통 도 사

靈鷲山通度寺

경남 양산군 하북면 지산리 조계종 제15교구 본산

부처님의 진신사리(眞身舍利)를 모신 통도사는 우리 나라 삼보(三寶) 사찰 중의 하나인 귀중한 불보 사찰(佛寶寺刹)이다.

신라 선덕여왕 15년(646)에 자장율사(慈藏律師)가 창건한 유서 깊은 고찰이며 그 역사적 의의는 자못 크다.

당나라에 유학한 자장(慈藏)은 643년 당나라에서 귀국할 때 불사리(佛舍利)와 가사(袈裟), 그리고 400여 상자의 대장경을 갖고 와서 우리 나라에서 최초로 대장경을 봉안한 사찰을 창건하게 되었다.

산 이름을 영취산(靈鷲山)이라고 한 것은 산세가 인도의 영취산과 너무나 비슷해서 따온 이름이라고 한다.

통도사(通度寺)라는 절 이름의 유래에는 다음과 같은 설이 있다.

① 전국의 승려들은 이 절의 금강계단(金剛戒壇)에서 득도하고 도통해진다고 해서 이름이 붙었다는 설이 있다.

② 만법을 통달하고 일체의 중생을 제도한다는 뜻에서 이름붙여졌다는 설이 있다.

③ 산 모양이 인도의 영취산과 통한다는 뜻으로 통도사(通度寺)라고 한다는 설도 있다.

신라 시대에는 불교의 계율 근본 도량이었으나 창건 당시에는 지금같이 큰 사찰은 아니었다고 한다.

一柱門 일주문

異姓同居必須和睦 이성동거필수화목
方袍圓頂常要清規 방포원정상요청규

각성(各姓)들끼리 모여 사니 반드시 화목해야 하고
가사 입고 삭발하였으니 항상 규율을 따라야 하네.

㈜ 통도사에서 생활하는 모든 스님들에게 승단의 화목을 위해 규율을 잘
지키고 열심히 수행하라는 가르침.
• 각성(各姓) … 다른 성씨들.
• 방포(方袍) … 스님들이 입는 사각형 가사.
• 원정(圓頂) … 머리를 삭발하였다는 뜻.

佛之宗家 불지종가
國之大刹 국지대찰

(글씨・大院君)

절의 종가집이요
나라의 큰 절이네.

일주문

梵鍾樓 _{범종루}

禪窓夜夜梵鍾鳴	선창야야범종명
喚得心身十分淸	환득심신십분청
檜樹蒼蒼山勢頑	회수창창산세완
葉間風雨半天寒	엽간풍우반천한
老僧出定忘聲色	노승출정망성색
頭上光陰似轉丸	두상광음사전환
玉鏡涵空波不起	옥경함공파불기
煙鬟繞坐雨初收	연환요좌우초수
牢籠景象歸冷筆	뇌롱경상귀냉필
揮斥乾坤放醉眸	휘척건곤방취모
紅塵謝絶心如水	홍진사절심여수
白水低徊氣尙秋	백수저회기상추
鷲背山高風萬里	취배산고풍만리
鶴邊雲盡月千秋	학변운진월천추

선창(禪窓)에 밤마다 종소리 울리니
몸과 마음 아주 맑아지네.
울창한 회나무숲 완악한 산세
숲 사이로 비바람 서늘하게 불어 오네.
선정(禪定)에서 깨어난 노승 성색(聲色)을 잊고
머리 위에 광음은 총알같이 빠르네
맑은 물 잔잔히 흘러 파도 일어나지 않고
자욱한 안개 속에 비가 개이네.

한 폭의 경치는 그림 같은데
하늘과 땅 벌려진 모습 취한 눈에 어리는 듯
시끄러운 세속을 여의니 마음 물처럼 맑고
맑은 물 흐르는 곳에 추상 같은 기운 감도네.
영취산(靈鷲山) 높은 기풍 만 리에 뻗치고
학이 날아 구름 걷히니 천추의 달이 밝네.

㊀ • 선창(禪窓) … 선방의 창문.
  • 완(頑) … 완악(頑惡), 성질이 억세고 고집스러운 것.
  • 출정(出定) … 선정(禪定)에서 깨어나다.
  • 성색(聲色) … 나타난 현상.
  • 전환(轉丸) … 총알과 같이 변함.
  • 환(鬢) … 쪽질 환.
  • 영배산(靈背山) … 등 뒤에 있는 영취산.
  • 건곤(乾坤) … 천지.

大光輪殿 대광륜전

靑山塵外相	청산진외상
明月定中心	명월정중심
山河天眼裏	산하천안리
世界法身中	세계법신중
終日無忙事	종일무망사
梵香過一生	범향과일생
聽鳥明聞聲	청조명문성
看花悟色空	간화오색공

청산은 티끌 밖의 상이요
명월은 선정(禪定) 중의 마음일세.
산하는 천안(天眼) 속에 있고
세계는 그대로가 법신(法身)일세.
온종일 바쁜 일 없이 한가로우니
향 사르며 일생 보내리라.
새소리 듣고 자성(自性) 자리 밝히고
꽃을 보고 색(色)과 공(空)을 깨치네.

㊟ • 법신(法身) … 진리 그 자체.
　• 자성(自性) … 본래부터 갖추고 있는 불성.
　• 천안(天眼) … 오안의 하나. 천도에 나거나 선을 닦아서 얻는, 아주 작
　은 사물도 널리 볼 수 있는 눈.

皇華閣 황화각

教融海嶽 교융해악
恩廓乾坤 은확건곤

부처님의 가르침은 산과 바다에 밝게 퍼지고
부처님의 은혜는 하늘과 땅에 넓게 퍼지네.

大護法不見僧過 대호법불견승과
善知識能調物情 선지식능조물정
百戰英雄知佛法 백전영웅지불법
再來菩薩說家常 재래보살설가상
永使蒼生離苦海 영사창생이고해
恒教赤子有慈航 항교적자유자항

큰 호법(護法)은 절의 허물을 보지 않고
선지식(善知識)은 능히 세상 물정을 살필 줄 아네.
백전 영웅은 부처님 법을 알고
거듭 화현(化現)한 보살은 일상의 도리를 설해 주네.
길이 중생들로 하여금 고해(苦海)를 여의게 하고
항상 친자식처럼 보살펴 잘 인도해 주시네.

㊟ • 호법(護法) … 불법(佛法)을 지키고 유지하는 무리들.
• 승과(僧過) … 승가(僧家)의 과실.
• 선지식(善知識) … 바른 도리를 가르치는 사람.
• 창생(蒼生) … 세상의 모든 사람들.
• 자항(慈航) … 중생을 자비심으로 구하는 것.
• 화현(化現) … 보살이 중생 구제를 위해 여러 모습으로 변하여 세상에
나타나는 일.
• 창생(蒼生) … 세상의 뭇사람.

觀音殿 관음전

一葉紅蓮在海中　일엽홍련재해중
碧波深處現神通　벽파심처현신통
昨夜寶陀觀自在　작야보타관자재
今朝降赴道場中　금조강부도량중

한 떨기 붉은 연꽃 해동(海東)에서 솟으니
푸른 파도 깊은 곳에 신통(神通)을 나타내시네.
어제 저녁 보타산(寶陀山)의 관세음 보살님이
오늘 아침 도량 안에 강림하셨네.

㉾ • 홍련(紅蓮) … 천수관음(千手觀音)을 상징함.
 • 해동(海東) … 발해의 동쪽이라는 뜻으로 우리 나라를 가리킴.
 • 신통(神通) … 모든 것을 신기롭게 통달하는 것.
 • 보타산(寶陀山) … 타락가산(寶陀落迦山). 인도 남쪽 해안에 있는 산으
   로서 관세음 보살의 주거처(住居處)라고 함.
 • 도량(道場) … 불타성도(佛陀成道)의 수행 장소.
 • 강림(降臨) … 보살이 인간 세상으로 내려오는 것.

海藏寶閣 해장보각

寶藏聚玉函軸	보장취옥함축
集西域譯東土	집서역역동토
鬼神護龍天欽	귀신호룡천흠
標月指渡海筏	표월지도해벌

보배로운 경을 모아 옥함에 보관했네.
서역(西域)에서 모아 동쪽 나라에서 번역하니
귀신이 보호하고 하늘과 용이 흠모하네.
이는 마음을 가르치는 지표요 고해(苦海)를 건너는 뗏목일세.

㊟ 자장율사(慈藏律師)가 당나라에서 400함의 경책을 갖고 와서 통도사(通度寺)를 건립했다는 고사를 노래한 게송.
 • 월(月) … 심월(心月), 즉 마음을 말함.
 • 서역(西域) … 서쪽 나라, 즉 당나라.
 • 동토(東土) … 우리 나라.

大雄殿 대웅전

連譬山山空捉影

月	磨	銀	漢	轉	成	圓	월마은한전성원
素	面	舒	光	照	大	千	소면서광조대천
連	譬	山	山	空	捉	影	연비산산공착영
孤	輪	本	不	落	靑	天	고륜본불락청천
默	契	菩	提	大	道	心	묵계보리대도심

달이 은하수를 맴돌아 둥글고 밝으니
흰 얼굴 잔잔한 빛 대천세계(大千世界)를 비추네
원숭이들이 팔을 벌려 물에 비친 달을 붙잡으려 하나
달은 본래 청천(靑天)에서 떨어지지 않고
묵묵히 보리(菩提) 대도심(大道心)에 계합(契合)하네.

㈜ • 대천세계(大千世界) … 온 우주.
• 소면(素面) … 소박한 얼굴, 흰 얼굴.
• 보리(菩提) … 불교 최고의 이상인 불타정각(佛陀正覺)의 지혜.
• 도심(道心) … 불도를 닦는 마음.

金剛戒壇 금강계단

初說有空人盡執　초설유공인진집
後非空有衆皆捐　후비공유중개연
龍宮滿藏醫方義　용궁만장의방의
鶴樹終談理未玄　학수종담이미현

처음에 설한 유(有)와 공(空)에 모든 사람 집착하더니
뒤에 공(空)도 유(有)도 아니라 하니 사람들 모두 버리네.
용궁에 가득한 경율론(經律論) 모두가 의사의 처방이요
학수(鶴樹)에서 마지막 설법도 현묘(玄妙)한 이치는 못 되네.

㈜ • 학수(鶴樹) … 학림(鶴林)의 수목(樹木). 중인도 구시니가라성 밖 니련
선하에 있던 사라수숲을 말하는데, 석존께서 이 숲에서 마지막 설법을
하시고 입멸하시자 이 숲이 모두 말라죽어서 흰 빛으로 변하여 마치
흰 학들이 모여 있는 것같이 되었다고 한다. 이것을 학림(鶴林)이라고
하며 부처님 열반을 뜻하게 되었다.

大方廣殿 대방광전

楊柳稍頭甘露灑	양류초두감로쇄
蓮華香裏碧波寒	연화향리벽파한
七寶池中漂玉子	칠보지중표옥자
九龍口裡浴金仙	구룡구리욕금선
大聖元來無執着	대성원래무집착

버들로 머리 감고 감로(甘露)를 뿌리고
연꽃 향기 속에 푸른 파도가 서늘하네.
칠보 연못에 옥동자를 띄우고
아홉 용이 입으로 금선(金仙)을 목욕시키는데
대성(大聖)은 원래 집착이 없다네.

㈜ • 감로(甘露) … 하늘에서 내리는 단 이슬, 천신들의 음료. 부처님의 교
  법이 중생들을 잘 제도함을 비유.
 • 칠보지(七寶池)…칠보(七寶)가 가득 있는 연못.
 • 금선(金仙) … 부처님을 금빛 신선이라고 말함.
 • 구룡(九龍) … 부처님이 탄생하자 하늘에서 9마리의 용이 입으로 물을
  뿜어 아기 부처님의 몸을 깨끗이 씻어 주었다는 설화에서 나온 말.
 • 대성(大聖) … 큰 성인, 즉 부처님을 뜻함.

寂滅寶宮 적멸보궁

示跡雙林問幾秋 　시적쌍림문기추
文殊留寶待時求 　문수유보대시구
全身舍利今猶在 　전신사리금유재
普使群生禮不休 　보사군생예불휴

묻노니 쌍림에서 열반에 드신 지 그 몇 해인가
문수보살 보배를 모시고 때와 사람을 기다렸네.
부처님 진신사리 오히려 지금도 있으니
많은 군생들 예배하여 쉬지 않네.

㊀ • 쌍림(雙林) … 부처님이 열반에 드신 사라수 숲
　• 진신사리(眞身舍利) … 석가모니 부처님의 사리.
　• 군생(群生) … 많은 중생들.

冥府殿 　명부전

慈仁積善誓救衆生	자인적선서구중생
倘切歸依奚遲感應	당절귀의해지감응
掌上明珠光攝大千	장상명주광섭대천
手中金錫振開玉門	수중금석진개옥문
常揮慧釖斷滅罪根	상휘혜검단멸죄근
業鏡臺前十殿調律	업경대전십전조율

자비의 인연으로 적선(積善)하고 중생 구하기를 서원하니
간절히 귀의하면 어찌 감응(感應)이 더디리요.
손바닥 위의 밝은 구슬 대천세계(大千世界)를 비추고
손 안의 쇠지팡이는 지옥 문을 열어 주네.
항상 지혜의 칼로 죄의 뿌리 잘라 버리니
업경대(業鏡臺) 앞에서는 시왕이 법률로 다스리네.

㈜ • 적선(積善) … 착한 일을 많이 함.
　 • 서원(誓願) … 원(願)을 발하여 그것을 이루려고 맹세하는 일.
　 • 감응(感應) … 불심(佛心)이 중생의 마음속에 들어가고, 중생이 이를
　　 느껴 부처님이나 신령에게 통하는 것.
　 • 업경대(業鏡臺) … 중생의 업을 환히 비추어 볼 수 있는 거울.

應眞殿 응진전

有山有水乘龍虎	유산유수승용호
無是無非伴竹松	무시무비반죽송
曾昔靈山蒙授記	증석령산몽수기
而今會坐一堂中	이금회좌일당중

(글 · 觀音禮讚禮)

산이 있고 물이 있으니 용호(龍虎)를 타고
시비(是非)가 없으니 송죽을 벗하네.
옛날 영산(靈山)에서 수기(授記)를 받은 분들이
지금 한 집안에 모여 앉아 계시네.

㊀ 함께 한자리에 모여 수행하는 사람들은 서로 양보하고 화합하며 시비하
지 말고 오로지 부처님의 도를 닦는 데 전념해야 한다고 하는 교훈이
담긴 게송.
• 영산(靈山) … 영취산(靈鷲山)을 말함. 중인도 마갈다국 왕사성 부근에
있는 산. 부처님이 그 산에서 법화경을 설법한 것으로 유명하다.
• 수기(授記) … 내세에 부처가 된다든가 혹은 장래에 어떻게 되리라는
것을 미리 기록해 받는 것.

三聖閣 삼성각

松巖隱跡經千劫	송암은적경천겁
生界潛形入四維	생계잠형입사유
隨緣赴感澄潭月	수연부감징담월
空界循環濟有情	공계순환제유정

소나무와 바위에 자취 감추어 천겁을 지내고
중생계에 모습 감추고 사방으로 왕래하네.
인연따라 감응함은 맑은 못에 달 비치듯
허공계(虛空界) 순환하며 중생을 제도하네.

㊀ • 삼성각(三聖閣) … 산신·칠성·독성님을 모신 집.
  • 생계(生界) … 중생 세계.
  • 사유(四維) … 천지의 네 구석, 즉 온 천지. 건곤간손(乾坤艮巽) 네 방향.
  • 감(感) … 감응(感應).
  • 제(濟) … 제도(濟度).
  • 유정(有情) … 중생, 즉 마음을 갖고 사는 사람들.

山靈閣 산령각

> 位鎭山川護法身 위진산천호법신
> 靈通廣大泰山神 영통광대태산신

지위가 산천을 누르고 법신(法身)을 보호하니
넓고 크고 영험(靈驗)한 태산(泰山)의 신일세.

㊨ • 위(位) ⋯ 엄숙한 지위.
  • 법신(法身) ⋯ 삼신의 하나. 불법을 완전히 깨달은 부처의 몸.
  • 태산(泰山) ⋯ 높고 큰 산.

萬象樓 만상루

四海浪平龍睡隱	사해랑평룡추은
九天雲靜鶴飛高	구천운정학비고
千古金沙灘上水	천고금사탄상수
琅琅猶作誦經聲	랑랑유작송경성
天下溪山絶勝幽	천하계산절승유
誰能托手共同遊	수능탁수공동유

온 세상의 파도 잔잔하니 용이 숨고
온 하늘의 구름 고요하니 학이 높이 날도다.
천고(千古)의 금사강(金沙江) 여울 물 위에
조용히 들려 오는 경 읽는 소리
천하의 산과 개울에 그윽이 퍼지니
뉘라서 능히 함께 하지 않으리.

㊅ • 사해(四海) … 온 세상.
• 구천(九天) … 온 하늘.
• 천고(千古) … 아주 먼 옛날.
• 금사(金沙) … 금사하(金沙河), 구야니주(拘耶尼洲)에 있는 강물.

性波庵 성파암

智慧神通不思議　지혜신통부사의
悉知一切衆生心　실지일체중생심
能能種種方便力　능능종종방편력
滅彼群生無量苦　멸피군생무량고

신통한 지혜 불사의함이여
모든 중생들의 마음 모두 아시네.
능하고 능한 여러 방편으로
모든 중생의 무량한 고통 모두 멸해 주시네.

㊚ • 종종(種種) … 여러 가지.
• 방편(方便) … 불 보살이 중생을 제도하기 위하여 쓰는 묘한 수단.

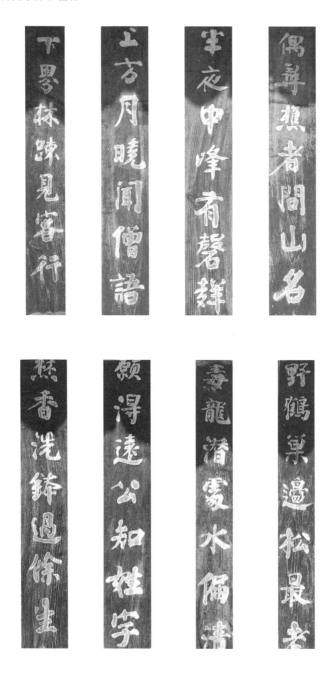

偶尋樵者問山名	우심초자문산명
半夜中峰有磬聲	반야중봉유경성
上方月曉聞僧語	상방월효문승어
下界林疎見客行	하계임소견객행
野鶴巢邊松最老	야학소변송최로
毒龍潛處水偏淸	독룡잠처수편청
願得遠公知姓字	원득원공지성자
焚香洗鉢過餘生	분향세발과여생

우연히 나무꾼에게 산 이름 물으니
밤중에 중봉(中峰)에서 경(磬) 소리 들려 온다.
상방에는 밝은 달이 있는데 스님 말소리가 들리고
하계에는 듬성한 숲 사이로 나그네 가는 것이 보이도다.
학이 둥지 치는 곳에 소나무는 아주 늙었고
독룡(毒龍)이 사는 곳에 물은 너무나 맑도다.
원컨대 멀리 있는 공(公)의 성자(姓子)를 알고자 하지만
분향하고 세발(洗鉢)하며 여생을 보내련다.

㈜ 산 좋고 물 맑은 곳에서 불도를 닦고 공양하며 일생을 살려는 사람의
순수한 마음을 노래한 게송.
• 초자(樵子) … 나무꾼.
• 경(磬) … 타악기의 일종.

지 리 산 천 은 사
智異山泉隱寺

전라남도 구례군 광의면 방광리

　전남 구례군 광의면 방광리 지리산 남쪽에 있는 고찰로서 신라 홍덕왕 3년 인도의 승려 덕운(德雲)이 창건한 절이다.

　창건 당시 절 앞뜰에는 맑은 물이 펑펑 나오는 샘이 있었는데, 그 샘물을 마시면 정신이 맑아지고 지혜가 생긴다고 해서 절 이름을 감로사(甘露寺)라고 하였다.

　그러나 그때 지은 건물들은 임진왜란 때 완전히 타 버리고, 현재 있는 건물은 조선 제19대 숙종 4년(1678)에 중건한 것이다. 중건 이후 절 이름도 천은사(泉隱寺)라 고쳐 부르게 되었다.

　중건 당시 샘에는 큰 구렁이가 자주 나타나서 일하는 사람들을 놀라게 하므로 한 젊은 승려가 이 뱀을 잡아 죽였는데, 웬일인지 그 뒤로는 샘물이 말라 버리고 다시는 물이 솟아나지 않았다고 한다.

　그래서 샘(泉)이 숨었다고 해서 이름도 천은사로 바꾸었다고 한다.

　그로부터 이상하게도 절 이름을 바꾼 뒤부터 원인 모를 화재가 자주 일어나서 큰 걱정거리가 되었다.

　스님들과 신도들은 절의 수기(水氣)를 지켜 주는 뱀을 죽였기 때문이라고 생각하여 늘 화재를 두려워하였다.

　그래서 그때 조선 명필의 한 사람인 이광사(李匡師)를 초청해서 마치 물 흐르듯 수기(水氣)를 불어넣는 수체(水體)의 글씨로 현판을 써서 일주문(一柱門)에 걸게 하였는데, 그 뒤부터 화재가 없었다고 한다.

　지금도 고요한 새벽에 일주문에 가만히 귀기울이면 현판 글씨에서 신운(神韻)의 물 흐르는 소리가 들린다고 한다.

八相殿 팔상전

世尊當入雪山中　세존당입설산중
言詮消息遍三千　언전소식변삼천

向壁入山偈

세존께서 눈 쌓인 산에 들어가 계실 적에
말씀하신 온전한 소식 삼천세계에 두루 퍼졌네.

㊟ 지리산 천은사의 주련에는 다음 중 두 줄이 빠져 있다.
　　세존당입설산중(世尊當入雪山中)
　　일좌부지경육년(一座不知經六年)　(누락)
　　인견명성운오도(因見明星云悟道)　(누락)
　　언전소식변삼천(言詮消息遍三千)
　• 삼천(三千) … 삼천대천세계(三千大千世界)의 준말. 인도의 고대 우주
　　관에 의하면 수미산을 중심으로 해·달·사대주·육욕천·범천을 합해 세계
　　라 한다. 이것의 천 배를 소천 세계, 소천의 천 배를 중천 세계, 중천의
　　천 배를 대천 세계라 한다.
　• 변(遍) … 두루 편(불교에서는 변이라고 읽음).

極樂殿 극락전

極樂堂前滿月容	극낙당전만월용
玉毫金色照虛空	옥호금색조허공
若人一念稱名號	약인일념칭명호
頃刻圓成无量功	경각원성무량공

〔高聲念佛〕

극락당(極樂堂) 앞에 만월(滿月) 같은 아미타불 얼굴
옥호(玉毫)와 금빛 얼굴은 허공을 비추는구나.
사람들이 일념으로 부처님의 명호(名號)를 부른다면
잠깐 사이에 한량없는 큰 공덕을 이루리라.

㊟ 아미타불의 한량없는 공덕을 찬탄하는 동시에 염불의 중요성을 강조한
  게송.
 • 옥호(玉毫) … 옥호, 32상(相)의 하나. 부처님 두 눈썹 사이에 있는 희
  고 빛나는 가는 터럭.
 • 금색(金色) … 금색, 32상의 하나. 부처님 몸에서 발하는 금색.
 • 극락당(極樂堂)…아미타불을 주불(主佛)로 모신 사찰 전각.
 • 일념(一念)…일념, 전심(專心)으로 염불하는 일.
 • 명호(名號)…명호, 부처님과 보살의 이름.
 • 경각(頃刻)…경각, 아주 짧은 시간.
 • 원성(圓成)…원성, 원만하게 성취하는 것.

조 계 산 선 암 사

曹溪山仙巖寺

전라남도 승주군 승주읍 죽하리

전남 승주군 승주읍 죽하리에 있는 고찰로서 신라 49대 헌강왕 5년 (875)에 유명한 도선대사(道詵大師)가 지은 암자이다.

음양 지리와 풍수상지법(風水相地法)에도 도통한 대사에게 어느 날 지리산 성모천왕(智異山 聖母天王)이 "만일 세 개의 암사(巖寺)를 창건하면 삼한(三韓)이 통일되고 전란이 사라지며 평화가 정착하리라."라는 말을 하였는데, 이 말을 듣고 지은 것이 바로 선암(仙巖), 운암(雲巖), 용암(龍巖)의 세 암자라고 한다.

그 후 운암, 용암은 퇴락되고 선암만 남았다고 한다.

선암사에는 지금 보물 395호로 지정된 삼층석탑이 2기가 대웅전 앞 좌우에 있는데, 신라시대의 전형적인 양식을 계승하여 이중기단(二重基壇) 위에 세워진 방형(方形) 석탑으로 규모나 수법이 아주 동일하다.

절 입구에 있는 선암사승선교(仙巖寺昇仙橋)는 보물 400호로 지정된 아름다운 화강석의 아치형으로 돌과 돌 사이에 시멘트 등의 접착제를 전혀 쓰지 않아 자연미가 물씬 풍기는 다리이다.

다리를 건널 때 세속에 물든 모든 번뇌망상을 씻어 버리고 월천공덕(越川功德)을 이루어 청정한 마음으로 경내에 들어가라는 뜻으로 만든 것이다.

大雄殿 대웅전

巍巍堂堂萬法王	외외당당만법왕
三十二相百千光	삼십이상백천광
莫謂慈容難得見	막위자용난득견
不離祇園大道場	불리기원대도량

높고 높아 당당하신 만법(萬法)의 왕
부처님 32상(相)의 백천광명(百千光明) 눈부십니다.
자비로운 그 모습 뵈옵기 어렵다고 말하지 말라.
기원정사(祇園精舍) 떠나지 않고 항상 대도량에 나타나시네.

㊟ 높고 거룩하며 이 우주의 진짜 왕인 부처님을 찬탄하는 글이다. 우리들
은 늘 부처님을 뵈옵기 어렵다고 하는데 이것은 잘못이다. 왜냐하면 부
처님은 늘 우리가 사는 이 사바 세계에 함께 계시니 바로 내가 사는 이
곳이 불도를 닦는 도량이다. 이곳에서 불도를 닦으면 언제라도 부처님
을 만날 수 있기 때문이다.
• 외(巍) … 높고 클 외.
• 만법왕(萬法王)…만법왕, 부처님을 뜻함.
• 위(謂) … 이를 위.
• 가원(祇園) … 기원정사(祇園精舍)의 준말. 옛날 중인도 마가다 사위성
 (舍衛城) 남쪽에 있던 절. 석가모니의 수도와 설법을 위해 수달장자
 (須達長者)가 세웠음.
• 삼십이상(三十二相) … 부처님 몸에 갖춘 32가지의 독특한 상.
• 대도량(大道場) … 우리가 사는 모든 곳.

梵鍾閣 범종각

聞鐘聲煩惱斷	문종성번뇌단
智慧長菩提生	지혜장보리생
離地獄出三界	이지옥출삼계
願成佛度衆生	원성불도중생

이 종소리 들으시고 번뇌망상 끊으소서.
지혜가 자라고 보리심(菩提心)을 발하소서.
지옥고(地獄苦)를 여의고 삼계(三界)를 뛰쳐나와
원컨대 성불하시고 중생 제도하옵소서.

㊟ 이 게송은 종 치는 스님의 마음을 나타낸 것이다. 천상과 천하, 지옥에
까지 종소리가 울려 퍼져서 종소리를 듣는 모든 중생들의 마음이 밝아
지고 해탈하기를 바라며 종을 치는 것이다.
  • 보리(菩提) … 불교 최상의 이상인 부처님께서 깨달은 것과 같은 바른
    지혜.
  • 삼계(三界) … 중생이 사는 세 개의 세계. 즉 욕계, 색계, 무색계.
  • 도(度) … 생사의 바다를 건너 미혹의 세계에서 깨달음의 세계로 이르
    는 것.

조 계 산 송 광 사

曹溪山松廣寺

（曹溪山　大乘禪宗）

●

전라남도 승주군 신평리 12번지(대한불교 조계종 제21교구 본사)

　전남 승주군 신평리 12번지 조계산 서쪽에 있는 고찰로서 대한불교 조계종 제21교구 본사이고 한때는 대길상사(大吉祥寺), 수선사(修禪寺)라고도 하였으며 삼보사찰(三寶寺刹) 중 승보(僧寶)로 유명한 사찰이다.

　신라 말기 혜린선사(慧璘禪師)가 창건한 유서 깊은 절이다.

　송광사(松廣寺)라는 이름은 조계산(曹溪山)의 옛이름에서 비롯되었으며, 조계산에는 장차 '十八公(십팔공)'이 배출되어 불법을 널리(廣) 펼 훌륭한 장소'가 되라는 뜻에서 생겨났다고 한다.

　십팔공은 송자(松字)의 파자(破字)이고 광자(廣字)는 '광시불교(佛法廣布)'의 뜻으로 해석하는 데서 비롯되었다.

　그래서 그런지 과연 송광사는 승보사찰답게 몇 해 전에 떠난 효봉(曉峰) 스님이 이곳에서 활연대오(豁然大悟)하셨던 것을 비롯해서 효봉 스님의 수제자인 구산(九山) 스님도 송광사에서 득도하신 근세의 고승이다.

　그 외에도 지환(知幻)·일초(一超)·법정(法頂)·일관(一觀)·활연(豁然) 등 기라성같이 빛나는 수많은 고승들 송광사에서 배출되었다.

　구산스님의 오도송(悟道頌)은 다음과 같다.

　　　　심입보현모공리(深入普賢毛孔裡)
　　　　착패문수대지한(捉敗文殊大地閑)
　　　　동지양생송자록(冬至陽生松自綠)
　　　　석인가학과청산(石人駕鶴過靑山)

　　　　깊이 보현의 터럭 속으로 들어가
　　　　문수를 붙잡으니 대지가 한가롭구나
　　　　동짓날에 소나무가 스스로 푸르나니
　　　　돌 사람이 학을 타고 청산을 지나네

六鑑亭 육감정

曹溪山月照澹寒 조계산월조담한
滿月乾坤无寸艸 만월건곤무촌초
聖賢尊貴非我親 성현존귀비아친
大地眞金未是珍 대지진금미시진

禪詩

조계산에 뜬 달은 사무치게 비치고
만월이 온 천지를 밝히니 번뇌망상이 사라지네.
성현이니 존귀(尊貴) 따위 내가 알 바 아니로다.
대지(大地)가 진금(眞金)이라도 이 깨달음의 보배만
못한 것을..

㈜ 조계산에 뜬 지혜의 달을 보고 끝없는 깨달음을 얻으니 번뇌망상이 모
두 사라져 버렸다. 그 참기쁨은 세속의 어느 것과도 비길 수 없이 크다.
성현이니 존귀니 하는 속된 지위나 온 천지를 메우는 황금이라도 이 깨
달음의 기쁨만은 못하다.

• 월(月) … 지혜(智慧)를 말함. 즉 지혜로운 마음.
• 담한(澹寒) … 가슴이 서늘하도록 사무치게 보이다.
• 건곤(乾坤) … 건곤, 온 천지.
• 무촌초(无寸艸) … 잡초 같은 번뇌망상이 없다는 뜻.
• 미시진(未是珍) … (내 깨달음에 비하면) 진기한 것이 못됨.
• 진금(眞金) … 진짜 금.

觀音殿 관음전

具足神通力	구족신통력
廣修智方便	광수지방편
十方諸國土	시방제국토
無刹不現身	무찰불현신

〔글·妙法蓮華經〕

신통한 힘을 흡족하게 갖추시고
지혜와 방편(方便)을 널리 닦아서
시방(十方)의 모든 국토에
몸을 나타내지 않는 세계 없도다.

㊟ 관세음 보살의 한량없는 능력과 자비로움을 찬탄한 게송이다. 중생이
일념으로 관세음 보살의 명호를 부르면 온 천지 어느 곳이고 나타나지
않는 곳이 없다.
  • 구족(具足) … 빠짐없이 고루 갖추어 있는 것.
  • 방편(方便) … 그때 그때 형편에 맞추기 위해 쉽게 이용되는 수단.
  • 시방(十方) … 온 천지, 온 우주.
  • 무찰(無刹) … 사찰에만 국한된 것이 아니고 온 천지.

華嚴殿 화엄전

海底燕巢鹿抱卵　해저연소녹포란
火中蛛室魚煎茶　화중주실어전다
此家消息誰能識　차가소식수능식
白雲西飛月東走　백운서비월동주

曉峰 悟道頌

바다 밑 제비집에 사슴이 알을 품고
타는 불 속 거미집에 고기가 차를 다리네.
이 집안 소식을 뉘라서 알랴!
흰 구름은 서쪽으로 달은 동쪽으로.

㊟ 필사적인 정진 끝에 얻은 심정을 효봉 스님은 위와 같이 읊었다. 과거와
현재, 미래의 무수한 수행자들이 오로지 이 일을 위해서 뼈를 깎고 피
를 말리는 정진을 한다. 오도송의 진정한 뜻은 그 경지에 달한 도인이
아니고는 감히 알 수 없는 심오한 내용이다. 글자 풀이는 할 수 있어도
함축된 내용의 풀이는 수행이 부족한 우리 능력으로는 할 수 없는 능력
밖의 일이다.
• 연소(燕巢) … 제비집.
• 주(蛛) … 거미 주.
• 전(煎) … 다릴 전.

대 가 람 백 양 사
大伽藍白羊寺

전라남도 장성군 북하면 약수리(대한불교 조계종 제18교구 본사)

632(武王 33)년 여환(如幻)이 창건한 사찰이다. 처음에 백암산(白巖山) 백양사로 불리었는데, 그 후 덕종(德宗) 3년(1034)에 중연(中延)이 중건 (重建)하면서 정토사(淨土寺)라고 개칭하였다.

그러나 선조(宣祖) 7년(1574) 환양(喚羊)이 다시 중건하면서 절 이름도 다시 백양사(白羊寺)라고 하게 되었다.

환양이 절을 중건하면서 매일 법화경을 독송하니 어디선지 경 읽는 소 리를 듣고 백양이 몰려오곤 하여 정토사(淨土寺)를 백양사(白羊寺)로 개 칭하고, 스님의 법명도 환양이라고 하게 되었다 한다.

四天王門 사천왕문

靈山會上言雖普 영산회상언수보
小室峰前句未親 소실봉전구미친
瑞艸蒙茸含月色 서초몽용함월색
寒松蓊鬱出雲霄 한송옹울출운소

영산회상(靈山會上) 부처님 하신 말씀 비록 많지만
달마대사(達磨大師) 전(傳)한 뜻은 말 밖에 있네.
우거진 상서로운 풀이 달빛을 머금으니
울창한 곧은 솔은 구름 밖에 솟구쳤네.

㊟ 영산회상에서 부처님께서 하신 말씀은 참 많지만 달마대사는 그 뜻을
한마디도 말하지 않고 오직 이심전심으로 전했다. 선의 경지에 들어가
면 한마디 말이 없어도 영상회상의 모든 말씀이 잡초 속에 우뚝 솟은
울창한 소나무처럼 마음에 뚜렷하게 와 닿는다.

• 영산회상(靈山會上) ··· 영취산에서 석가여래가 법화경을 말씀하신 자
리.
• 옹울(蓊鬱) ··· 초목이 무성한 모양.
• 운소(雲霄) ··· 하늘을 뜻함.
• 서초(瑞艸) ··· 상서로운 풀.
• 몽용(蒙茸) ··· 풀이 더부룩하게 난 모양.
• 소실(小室) ··· 소실(少室)과 같은 뜻. 선종의 시조(初祖) 달마대사가 9
년간 면벽(面壁)한 곳.

大雄殿 대웅전

佛放光明徧世間	불방광명변세간
照耀十方諸國土	조요시방제국토
演不思議廣大法	연불사의광대법
永破衆生痴惑暗	영파중생치혹암
佛身普遍諸大會	불신보변제대회
充滿法界無窮盡	충만법계무궁진
寂滅世間不可取	적멸세간불가취
爲求世間而出現	위구세간이출현
其中衆生不可量	기중중생불가량
現大神通悉調伏	현대신통실조복

부처님 세간에 놓으신 광명
시방국토(十方國土) 두루 비추시고
부사의(不思議)한 넓은 법(法)을 연설하시어
모든 중생 어리석고 미혹한 마음 부숴 버리네.
부처님의 법신(法身) 모든 회중(會中)에 널리 나타나시니
온 법계(法界)에 충만하여 다함이 없네.
고요한 밝은 성품(性品) 취할 일도 없건만
세간 중생 건지시려 출현하셔서
한량없는 중생들을
크나큰 신통 나타내어 빠짐없이 조복(調伏) 받네.

㈜ 부처님의 한량없는 위신과 공덕을 찬양하는 내용의 글이다. 부처님은
항상 우리 곁에 계시며 시방 세계에 안 나타나시는 않는 곳이 없으며
세간의 무수한 중생을 제도하고 큰 신통력으로 빠짐없이 교화하여 선도
하신다.
• 편(徧) … 두루 편.

- 국토(國土) … 범어 Ksetra의 번역, 토지·영역·생물이 거주하는 장소를 말한다.
- 부사의(不思議) … 불가사의(不可思議)와 같은 뜻. 보살의 해탈·지혜·신통력 등을 생각하여 예측할 수 없는 것을 밝히는 것.
- 치(痴) … 현상이나 사물의 도리를 이해할 수 없는 어두운 마음. 이로 인해 정확한 판단을 할 수 없어 미혹에 빠지게 된다.
- 혹(惑) … 깨달음을 장애하는 사리에 어두운 마음.
- 대회(大會) … 많은 사람이 모여서 여는 큰 법회.
- 법계(法界) … 의식의 대상인 모든 사물.
- 적멸(寂滅) … 미혹의 세계를 영원히 이탈한 경계이며 열반과 같은 뜻.
- 신통(神通) … 선정(禪定)의 수행을 통해서 얻어지는 자유로운 초인간적인 능력.
- 조복(調伏) … 내면적으로는 심신을 제어하여 악덕을 떨쳐 버리는 것을 말하고, 외면적으로는 적의(敵意)를 가진 자를 교화하여 나쁜 마음을 버리게 하는 것.

대웅전과 극락보전

極樂寶殿 극락보전

阿彌陀佛在何方　아미타불재하방
着得心頭切莫忘　착득심두절막망
念到念窮無念處　염도염궁무념처
六門常放紫金光　육문상방자금광

(글·나옹 스님, 나옹이 누이에게 준 글)

아미타불 어느 곳에 계실까
마음에 간직하여 잊지 말 것이니
생각 생각 이어가다 생각조차 끊긴 곳에 이르면
육근(六根)의 문에서 성스러운 금빛 찬란하게 나오네.

㊟ 아미타불을 항상 마음속에 간직하여 잠시도 잊지 말며 그의 감화와 원
을 나의 수행의 지표로 삼고 귀의하면 결국 성불의 경지를 이루게 되리
라는 교훈이 담긴 나옹 스님의 글이다.

• 무념(無念) … 생각하는 대상의 상(相)을 초월한 진여(眞如)의 본성을
관하여 마음까지도 여의는 것.

• 육문(六門) … 육근(六根)의 문. 육식(六識, 眼識, 耳識, 鼻識, 舌識, 身
識, 意識)이 육경(六境, 眼境, 耳境, 鼻境, 舌境, 身境, 意境)을 인식하는
경우 그 근원이 되는 여섯 가지 뿌리. 즉 안근(眼根), 이근(耳根), 비근
(鼻根), 설근(舌根), 신근(身根), 의근(意根)을 말한다.

香積殿 향적전

義天教海從窮通	의천교해종궁통
獅子窟中無異獸	사자굴중무이수
象王行處絶狐蹤	상왕행처절호종
皎日昇空無翳点	교일승공무예점
百億須彌列面前	백억수미열면전
峰巒透出揷青天	봉만투출삽청천
浮雲薄霧何能到	부운박무하능도

옳은 뜻 밝은 도리 막힘 없이 통함이어.
사자가 사는 곳에 다른 짐승 살 수 없고
코끼리 가는 곳에 여우 자취 사라짐이
밝은 해 떠오름에 어둠이 사라지듯
겹겹이 쌓인 수미(須彌) 눈앞에 나타나고
높고 높은 봉우리가 푸른 하늘 치솟으니
뜬구름 옅은 안개 어찌 능히 이를손가.

㈜ 향적당(香積堂)의 주련이 너무 많아서 나누어 기록하였으며 내용은 앞의 것의 연속임.
 • 사자(獅子) … 부처님의 위엄있는 설법에 뭇 악마가 굴복하여 귀의함을 비유. 사자후.
 • 상왕(象王) … 불도를 이룬 성인.
 • 부운박무(浮雲薄霧) … 온갖 번뇌와 망상.

一拳拳倒黃鶴樓　일권권도황학루
一踢踢翻鸚鵡洲　일척척번앵무주
有意氣時添意氣　유의기시첨의기
不風流處也風流　불풍류처야풍류
馬駒喝下喪家風　마구갈하상가풍
四海從茲信息通　사해종자신식통
烈火燄中撈得月　열화염중로득월
巍巍獨坐大雄峰　외외독좌대웅봉

한 번의 주먹질로 황학루가 무너지고
한 번의 발길질로 앵무주가 뒤집히니
기상이 있을 시엔 기상을 더해 주고
풍류가 없는 곳엔 풍류가 찾아든다.
망아지 할 소리에 모든 가풍 사라지니
사해가 이를 쫓아 소식이 통하고
맹렬한 불길 속에 찾던 달을 건졌드니
높고 높은 영웅봉에 외로이 자리 펴네.

華嚴殿 화엄전

禮敬諸佛願	예경제불원
稱讚如來願	칭찬여래원
廣修供養願	광수공양원
懺悔業障願	참회업장원
隨喜功德願	수희공덕원
請轉法輪願	청전법륜원
請佛住世願	청불주세원
常隨佛學願	상수불학원
恒順衆生願	항순중생원
普皆廻向願	보개회향원

(글·화엄경 보현행원품)

모든 부처님께 예경(禮敬)하길 원하옵니다.
항상 여래 찬탄하길 원하옵니다.
널리 여래 공양하길 원하옵니다.
쌓인 업장 참회하길 원하옵니다.
공덕따라 기뻐하길 원하옵니다.
부처님법 중생 교화 원하옵니다.
부처님들 세간 거주하길 원하옵니다.
부처님따라 배우기를 원하옵니다.
항상 중생들을 수순하길 원하옵니다.
모든 공덕 회향하길 원하옵니다.

㈜ 위 주련은 화엄경 보현보살 행원품 중에 있는 보현행원품의 일부이다.

冥府殿 명부전

地藏大聖誓願力	지장대성서원력
恒沙衆生出苦海	항사중생출고해
教化厭苦思安樂	교화염고사안락
故現閻羅天子形	고현염라천자형
悲增普化示威靈	비증보화시위령
六道輪廻不暫停	육도윤회불잠정

지장보살의 크신 원력은
모든 중생의 괴로움을 벗겨 줌이여.
세간 고통 뛰어넘어 편하게 하시려고
어느 때는 염라 모습 어느 곳엔 자비보살
크나 큰 영험으로 가지 가지 몸을 나투어
육도 중생 교화함을 잠시도 쉬지 않네.

㈜ 지장보살의 자비를 찬양한 글이다. 지장보살은 큰 서원(誓願)을 세워 이
세상의 모든 중생들을 고통에서 구하고 교화해서 편안하게 살게 하려
하신다. 그래서 때로는 자비로운 보살의 모습으로, 때로는 엄격한 염라
의 모습으로 나타나 육도의 중생을 교화하는 데 잠시도 쉬지 않는다.

• 서원(誓願) … 소(疏)를 만들고 그것을 이루고자 맹세하는 것.
• 항사(恒沙) … 항하사(恒河沙)의 준말. 항하의 모래와 같이 많은 수량
  을 말함.
• 천자형(天子形) … 자비로운 보살의 형상.

七星閣 칠성각

北斗藏身金風體露 북두장신금풍체로
烏道玄會金針玉線 오도현회금침옥선

북두에 감춘 몸이 갈바람에 드러나니
갈 길이 분명함이 금바늘에 옥실이라.

㊟ 칠성여래(七聖如來)를 찬양하는 내용의 게송. 도교에서는 인간의 길흉
화복을 칠성이 맡았으며, 이 칠성이 곧 칠성여래 혹은 칠원성군(七元星
君)이라고 한다.
• 북두(北斗) ··· 북두칠성, 즉 칠성여래를 말함.
• 금(金) ··· 금륜세계 칠성광여래불로 그 모양이 드러난다는 뜻.
• 오도(烏道) ··· 오작교의 길.

眞影閣 진영각

聞聲悟道 문성오도
見色明心 견색명심
全機大用 전기대용
棒喝交馳 봉갈교치
師資唱和 사자창화
父子一家 부자일가

한 소리 들려 옴에 바른 길을 알아채고
한 빛깔 나타남에 마음은 더욱 밝아
빠짐없는 쓰임새에(대기 대용 고루 갖춰)
부처님 길 가르치니 (방과 할을 번갈아 쓰고)
스승의 노래에 제자가 장단 맞추며
아비와 자식이 한 가풍(家風)을 이루었네.

㊤ 스승과 제자가 모두 열심히 공부해서 선가의 가풍에 대대로 계승되는
    것을 기뻐해서 노래한 게송.
  • 성(聲) … 귀가 인식하는 대상으로, 눈에 보이지 않지만 서로 막고 합
    하는 성질이 있는 것.
  • 색(色) … 넓은 의미로 물질적 존재의 총칭.
  • 기대용(機大用) … 대기대용(大機大用)의 준말. 종문(宗門)의 법체(法體)
    를 말한다.
  • 사자(師資) … 스승과 제자.

靑雲堂 청운당

教我如何說	吾心似秋月	교아여하설 오심사추월
碧潭淸歸潔	無物堪比倫	벽담청귀결 무물감비륜
淸光轉更多	狐狸俱屏迹	청광전갱다 호리구병적
獅子奮全毛	斫却月中桂	사자분전모 작각월중계

가을 달 닮은 내 마음에 무슨 말을 시키는가
맑고 맑은 푸른 못엔 견줄 것이 하나 없다.
푸른 눈빛 더욱 짙어 여우 이리 자취 없고
금털 세운 사자 위엄 계수나무 베어지네.

㈜ 깨달음을 이룬 내 마음은 마치 가을 하늘에 밝게 뜬 달과 같다. 그러한
나에게 무슨 말을 하란 말인가? 비길 바 없이 큰 선열의 기쁨을 만끽
한 어느 도승이 남긴 게송이다.
· 호리(狐狸) … 여우와 이리, 간사한 마음에 비유.
· 작각(斫却) … 찍어 없애는 것.

雨花樓 우화루

江國春風吹不起	강국춘풍취불기
鷓鴣啼在深花裏	자고제재심화리
貳級浪高魚化龍	이급랑고어화룡
痴人猶戽夜塘水	치인유호야당수
雨過雲凝曉半開	우과운응효반개
數峰如畵碧崔嵬	수봉여화벽최외
空生不解宴中坐	공생불해연중좌
惹得天花動地來	야득천화동지래

강쪽 나라 봄바람엔 파도 아직 일지 않고
자고새 울음소리 꽃밭 속에 갇혔으나
부처님 법 깨닫는 이 높은 파도 넘어서 용이 되는 고기
같고
어리석고 못난 이는 깊은 밤 연못 속에 용 낚으려 하는구나.
비 그친 구름 사이 새벽이 반쯤 열려
연이은 봉우리가 그림같이 높푸르다.
부질없이 사는 이는 그 중 도리 알지 못해 편히 쉬다 앉
았으나
하늘 꽃을 얻을 때는 땅조차 흔들릴세.

㊟ 한마음 깨닫고 보니 세상이 달라진다. 그 깨달음의 기쁨을 노래하고 아
직도 깨닫지 못한 사람들에게 정진할 것을 당부하는 노래.
• 이급랑(二級浪) … 삼급랑(三級浪)에서 유래된 말. 삼급랑은 중국 용문
에 있는 세 층의 빨리 흐르는 물인데, 매년 3월 3일 복숭아꽃이 피면
물고기가 용으로 변하여 상급랑을 뛰어넘어 하늘에 올라간다 한다.
• 호(戽) … 두레박 호, 배 밑에 고인 물을 퍼내는 바가지.
• 공생(空生) … 부질없이 사는 인생.
• 천화(天花) … 천화(天華)라고도 하며 하늘에서 내리는 꽃.

海雲閣 해운각

今日巖前坐 금일암전좌
坐久煙雲收 좌구연운수
一道淸谿冷 일도청계냉
千尋碧嶂頭 천심벽장두
白雲朝影靜 백운조영정
明月夜光浮 명월야광부
身上無塵垢 신상무진구
心中那更憂 심중나갱우

오늘 바위 닦으려 앉았더니
홀연히 구름 연기 걷히어서
한 줄기 푸른 계곡 오늘따라 더욱 차고
천 길 높푸른 봉우리가 제 모습 분명하다.
아침나절엔 흰 구름 그림자도 고요하고
한밤에는 밝은 달빛 드리워서
이 내 몸에 한 점 티끌 허물조차 없으니
마음속에 어찌 다시 근심 걱정 있을손가.

㊟ 아름다운 백양산의 모습이 눈에 선하다. 높은 바위 아래에 묵묵히 앉아 좌선하는 스님의 마음이 바로 한 점 티 없는 구름이요 명월이다. 그러한 스님의 마음속에 무슨 근심과 걱정이 있으리요.
• 계(谿) … 시내 계.
• 장(嶂) … 산봉우리 장.
• 진구(塵垢) … 티끌과 허물.
• 신상(身上) … 몸에 관계된 형편.

무 악 산 금 산 사

母岳山金山寺

전라북도 김제군 금산면 금산리(대한불교 조계종 제17교구 본산)

백제의 법왕(法王)이 그의 즉위년(599)에 칙령으로 창건하였으나 그때는 규모가 작은 사찰이었다.

그 후 경덕왕(景德王 742~765)대에 이르러 진표(眞表)가 중창하고(766) 미륵장육상(彌勒丈六像)을 조성하여 주존불(主尊佛)로 모시면서 면모를 가추게 되었다.

그러나 1598년 왜란 때 왜병의 방화로 사내의 모든 건물과 40여 암자가 모두 소실되어 버렸고 지금의 건물은 1601~1635년에 수문이 복원한 것이다.

若人欲了知	약인욕료지
三世一切佛	삼세일체불
應觀法界性	응관법계성
一切唯心造	일체유심조

만약 어떤 사람이 삼세(三世)의
모든 부처님을 알려고 한다면
법계(法界)의 모두가 오직 마음으로
조작되어 지는 줄 관찰할지어다.

㊟ 금산사 전각에는 그럴싸한 주련이 없고 다만 누각 밑에 위의 주련만 조잡한 판자에 달랑 적혀 있다. 문화재로 지정된 건물에는 임의로 원형을 훼손하는 부착물을 붙이지 못하기 때문인지 새 주련을 만들지 않고 있다.
 • 삼세(三世) … 과거, 현재, 미래의 세계.
 • 법계(法界) … 유위법과 무위법.

大雄寶殿　대웅보전

佛身普遍十方中　불신보변시방중
三世如來一體同　삼세여래일체동
廣大願雲恒不盡　광대원운항부진
汪洋覺海渺難窮　왕양각해묘난궁
衆會圍遶諸如來　중회위요제여래
廣大淸淨妙莊嚴　광대청정묘장엄

부처님의 몸 시방 세계에 두루하시니
삼세의 여래가 동일한 한 몸이시네.
광대한 서원 구름같이 다함이 없고
넓고 넓은 깨달음의 바다 아득하여 끝이 없네.
모든 중생들 모여 여러 부처님 에워싸고
장엄하고 오묘한 그 모습 광대하고 청정하도다.

鐘閣 종각

願此鐘聲遍法界 　원차종성변법계
鐵圍幽暗悉皆明 　철위유암실개명
三途離苦破刀山 　삼도이고파도산
一切眾生成正覺 　일체중생성정각

莊嚴念佛

원컨대 이 종소리 법계에 두루 퍼져서
철위산의 깊고 어두운 무간지옥 다 밝아지며
지옥·아귀·축생의 고통과 도산의 고통을 모두 여의고
모든 중생 바른 깨달음 이루소서.

㊅ 이 게송은 종을 치는 스님의 마음을 잘 나타내고 있다. 모든 중생이 삼도의 고통에서 벗어나고 지옥고까지도 여의고, 모두 바른 깨달음을 속히 얻으라는 소망으로 매일 종을 치는 것이다.
• 유암(幽暗) … 지옥의 어두움.

등 운 산 고 운 사
藤雲山孤雲寺

경상북도 의성군 단촌면 구계리(대한불교 조계종 제16교구 본산)

681년 의상이 창건해서 고운사(高雲寺)라고 하였는데, 그 뒤 최치원(崔致遠)이 승려 여지(如智), 여사(如事)와 함께 가운루(駕雲樓)와 우화루(羽化樓)를 건립하고 이를 기념하여 그의 호를 따서 고운사(孤雲寺)로 이름을 바꾸어 부르게 되었다.

최치원 선생은 신라 말기의 대석학으로서 12세에 당나라에 들어가서 18세에 급제하여 당나라의 여러 관직을 역임하였다. 귀국하여 한림학사가 되었으나 벼슬을 버리고 산천을 방랑하며 시문(詩文)으로 세월을 보내다가 해인사에서 죽었는데, 사람들은 그가 선계(仙界)에 들어간 것이라고 믿었다.

大雄殿 대웅전(옛 전각)

極樂堂前滿月容	극락당전만월용
玉毫金色照虛空	옥호금색조허공
若人一念稱名號	약인일념칭명호
頃刻圓成无量功	경각원성무량공

〔高聲念佛〕

극락당 앞에 만월 같은 모습
옥호(玉毫)와 금색(金色)은 허공을 비추는구나.
만일 사람들이 일념으로 부처님의 명호를 부른다면
경각에 한량없이 큰 공덕을 이루리라.

㊟ 아미타불의 한량없는 공덕을 찬탄하는 동시에 염불의 중요성을 강조한
게송.

- 옥호(玉毫)…32상의 하나. 부처님 두 눈썹 사이에 있는 희고 빛나는
  가는 터럭.
- 금색(金色)…32상의 하나. 부처님 몸에서 발하는 금색.
- 극락당(極樂堂) … 아미타불을 주불로 모신 사찰의 전각.
- 일념(一念) … 전심(專心)으로 염불하는 일.
- 명호(名號) … 부처님과 보살의 이름.
- 경각(頃刻) … 아주 짧은 시간.
- 원성(圓成) … 원만하게 성취하는 것.

羅漢殿 나한전

古佛未生前 고불미생전
凝然一相圓 응연일상원
釋迦猶未會 석가유미회
迦葉豈能傳 가엽기능전

(西山大師)

옛 부처님 나시기 전
한 모양 둥글었네.
석가께서도 오히려 맞추지 못했거던
가섭(迦葉)이 어찌 능히 전할손가.

㊀ 우주의 원초적 진리는 응연해서 천지가 개벽되고 우주가 시작되던 그 이전부터도 확연히 존재하고 있었다. 그 둥근 모양은 너무나 심오해서 석가도 처음에는 가히 알 수 없었던 것인데 하물며 가섭이 어찌 전할 수 있겠는가. 그러한 진리를 모든 나한들은 수행으로 익혀서 깨달은 것이다.

• 일상(一相) … 차별도 대립도 없는 절대 평등의 진여(眞如)의 상(相).
• 응연(凝然) … 불변하는 모양. 아무런 작용을 하지 않고 가만히 있는 것.
• 회(會) … 맞출 회.

주 왕 산 대 전 사
周王山大典寺

경상북도 청송군 부동면 상선리(은해사 말사)

창건에 대해서 문무왕(672) 12년에 의상대사가 창건했다는 설과 태조 2년(919) 주왕(周王)의 아들 대전(大典)의 명복을 빌기 위해 창건했다는 설이 있다. 그러나 당시의 건물은 조선 중기에 소실되었고 그 뒤 중창되어 오늘에 이른다.

현재 사찰 오른쪽 밭에는 우물을 메운 흔적이 있다.

원래 이 절에서 불전에 올리는 청수는 매일 냇가에서 길어다가 썼는데 이것이 귀찮았던 승려들은 조선 중기에 앞뜰에 우물을 파서 그 물을 길어 청수로 썼다.

그러자 원인 모를 불이 나서 절이 타 버렸다. 그 뒤 성지도사(聖智道士)가 와서 이 절의 지세가 배가 바다에 떠서 항해하는 부선형혈(浮船形穴)인데, 여기에 우물을 파니 배 밑바닥에 구멍이 뚫린 격이 되어 불이 나고 절이 타게 되었다고 하여 우물을 메우게 되었다고 한다.

이 절에서 사명대사(泗溟大師)가 수도를 하였고 임진왜란 당시에는 승병을 훈련한 일이 있어 지금도 대사의 영정을 모시고 있다.

절 바로 뒤에는 주왕산의 주봉인 노적봉이 높이 솟아 있어서 아름다운 장관을 이루고 있다.

修善堂 수선당

有山有水乘龍虎	유산유수승용호
無是無非伴竹松	무시무비반죽송
曾昔靈山蒙授記	증석령산몽수기
而今會坐一堂中	이금회좌일당중

(글·觀音禮讚禮)

산이 있고 물이 있으니 용호가 즐기고
시비가 없으니 송죽을 벗하네.
옛날 영산(靈山)에서 수기(授記)를 받은 분들이
지금 한 집안에 모여 계시네.

㈜ 함께 한자리에 모여 수행하는 사람들은 서로 양보하고 화합하며 시비하
지 말고 오로지 부처님의 도를 닦는 데 전념해야 한다는 교훈이 담긴
글이다.
• 영산(靈山) … 영취산(靈鷲山)을 말함. 중인도 마갈다국 왕사성 부근에
있는 산. 부처님이 그 산에서 법화경을 설법한 것으로 유명하다.
• 수기(授記) … 내세에 부처가 되든가 혹은 장래에 어떻게 되리라는 것
을 미리 기록해 받는 것.

奉香閣 봉향각

汝得人身不修道	여득인신불수도
如入寶山空手來	여입보산공수래
憂患苦痛欲何爲	우환고통욕하위
如今自作還自受	여금자작환자수
諸法不動本來寂	제법부동본래적

네가 사람으로 태어나서 도를 닦지 않으면
마치 보배 산에 들어갔다 빈손으로 오는 것과 같다.
왜 우환과 고통만 취하려 하느냐?
오늘 네가 지은 것만큼 스스로 돌려 받는다.
제법(諸法)은 부동(不動)하여 본래 고요하니라.

㊀ 사람의 몸을 받아서 이 세상에 태어난다는 것이 여간 어려운 일이 아니
다. 그러므로 인간으로 태어난 이상 도를 열심히 닦아서 깨달음을 얻도
록 노력해야 한다. 모든 법은 근본적으로 변함이 없고 움직임이 없다.
우리가 하는 것만큼 되돌려 받는 것이니 쉬지 말고 정진해야 한다.

普光堂 보광당

天上天下無如佛	천상천하무여불
十方世界亦無比	시방세계역무비
世間所有我盡見	세간소유아진견
一切無有如佛者	일체무유여불자

(글·高聲念佛)

천상과 천하 어디에도 부처님같이 존귀한 분은 안 계시고
시방 세계를 다 둘러봐도 역시 비교될 만한 분 없도다.
세간에 있는 것 모두를 내가 다 보았어도
모두가 부처님같이 존귀한 분 없도다.

㈜ 부처님을 찬탄하는 게송. 이 세상의 모든 사람들 가운데 가장 존귀한고
  거룩한 분이 바로 부처님이라는 것을 말한 게송.
  • 시방세계(十方世界) … 온 천지.

會綠堂 회록당

偶尋樵者問山名

半夜中峰有磬聲

上方月曉聞僧語

下界林疎見客行

野鶴巢邊松最老

毒龍潛處水偏清

願得遠公知姓字

焚香洗鉢過餘生

偶尋樵者問山名	우심초자문산명
半夜中峰有磬聲	반야중봉유경성
上方月曉聞僧語	상방월효문승어
下界林疎見客行	하계임소견객행
野鶴巢邊松最老	야학소변송최로
毒龍潛處水偏清	독룡잠처수편청
願得遠公知姓字	원득원공지성자
焚香洗鉢過餘生	분향세발과여생

우연히 나무꾼에게 산 이름 물으니
밤중에 중봉(中峰)에서 경(磬)소리 들려온다.
상방(上方)에는 밝은 달이 비치는데 스님 말소리가 들리고
하계(下界)에는 듬성한 숲 사이로 나그네 가는 것이 보인다.
학이 둥지 치는 곳의 소나무는 아주 늙었고
독룡(毒龍)이 사는 곳의 물은 너무나 맑도다.
원컨대 멀리 있는 공(公)의 성자(姓字)를 알고자 하지만
분향하고 세발(洗鉢)하며 여생을 보내련다(이름 같은 것은
무관).

㈜ 문자의 뜻과 글의 뜻이 다른 것이 바로 선시의 어려운 점이다. 이 문장을 읽어 봐도 역시 무슨 뜻인지 금방 알 수 없다. 그러나 다시 읽어 보면 무엇인가 마음에 잡히는 것이 있을 것이다. 조용히 거듭 읽어 보고 마음으로 새겨 보는 과정이 불교의 게송을 읽는 바른 태도이다.
• 초자(樵者) … 나무꾼.
• 경(磬) … 돌로 만든 타악기.
• 분향(焚香) … 향을 올리다. 즉 불공을 드린다는 뜻.
• 세발(洗鉢) … 바루를 씻다. 즉 승려의 길을 걷는다는 뜻.

영 남 산 석 수 암
嶺南山石水菴

경상북도 안동시 안기동 영남산에 있는 고찰
(대한불교 조계종 제16교구 본산인 등운산 고운사의 말사)

신라 시대 의상대사가 창건한 절이라고 한다.

옛날 이 절에는 맑은 석간수(石間水)가 흘러나왔으며 그 물을 마시면 마음과 정신이 모두 맑아진다고 절 이름도 석수암(石水菴)이라고 지었다 한다.

그러나 지금 물은 흐르지 않고 오직 뜰 앞에 약 800년이나 된 커다란 향나무 한 그루가 이 절의 역사를 말해주듯 오늘까지 푸르르고 있다.

관음전

觀音殿 관음전

念佛元非第一闕	염불원비제일궐
成功方覺此身聞	성공방각차신문
忠丁世間諸忘想	충정세간제망상
默契菩提大道心	묵계보리대도심

염불만이 가장 으뜸은 아니로다.
모든 깨달음 이루려면 이 몸의 소리 들어라.(마음의 소리)
세간의 모든 망상에 너무 충실치 말면
지혜와 대도심(大道心)으로 말없는 가운데 뜻을 이루리.

㊐ • 궐(闕) … 사찰.

無量壽殿 무량수전

具足神通力	구족신통력
廣修智方便	광수지방편
十方諸國土	시방제국토
無刹不現身	무찰불현신

(妙法蓮華經)

신통한 힘을 흡족하게 갖추시고
지혜와 방편을 널리 닦아서
十方(시방)의 모든 국토(國土)에
몸을 나타내지 않는 곳 없도다.

㉦ 관세음 보살의 한량없는 능력과 자비로움을 찬탄한 게송.

황악산직지사

黃嶽山直指寺

경북 금능군 대황면 운수리(대한불교 조계종 제8교구 본사)

직지사는 신라 제19대 눌지왕 2년(418) 아도화상이 창건했다는 고찰 중의 고찰이다.

특히 이 절은 사명대사가 출가한 곳으로도 유명하다. 황악산은 높지 않으나 고을이 깊고 수목이 울창해서 연중 맑은 물이 끊임없이 흐르고 공기가 상쾌하다.

절 이름을 직지사(直指寺)라고 한 데에는 세 가지 이유가 있는데, 어느 것이 정설인지 확실하지 않다.

첫째, 아도화상이 선산 도리사를 창건하고 황악산을 가리키며 "저쪽에 큰 절 자리가 있다."라고 말했다는 일화에서 직지사로 명명되었다는 것이다.

둘째, 고려 초기 능여(能如)가 절을 중창할 때 절터를 측량함에 자를 사용하지 않고 직접 손으로 측량해서 지었기 때문에 직지사라는 설이다.

셋째, 선종의 가르침을 단적으로 표현하는 '不立文字 直指人心 見性成佛'에서 유래된 이름이라고 하는 설 등이 있다.

이 절을 찾는 사람들을 감동시키는 것은 잘 정돈된 장엄한 사찰의 규모 외에도 황토와 마사토로 잘 다져진 숲 사이의 오솔길과 그 옆을 흐르는 맑은 물이다.

기와를 얹어서 만든 듯한 수로로 흐르는 물이 너무 빨라서 가만히 보고 있으면 세월도 인생도 그 물같이 빨리 흘러만 가는 것 같아서 보는 이로 하여금 많은 것을 느끼게 한다.

大雄殿 대웅전

佛身普遍十方中

佛	身	普	遍	十	方	中	불신보변시방중
三	世	如	來	一	切	同	삼세여래일체동
廣	大	願	雲	恒	不	盡	광대원운항부진
汪	洋	覺	海	竗	難	窮	왕양각해묘난궁
衆	會	圍	遶	諸	如	來	중회위요제여래
廣	大	清	淨	妙	莊	嚴	광대청정묘장엄

(글·高聲念佛)

부처님은 우주에 가득하시니
삼세(三世)의 모든 부처님 다르지 않네.
광대무변한 원력 다함이 없어
넓고 넓은 깨달음의 세계 헤아릴 수 없네.
부처님 앞에 대중들 모여드니
광대청정 미묘한 장엄이로다.

㊜ 부처님의 한량없는 공덕을 높이 찬양하는 게송.

無名殿 무명전

青山塵外相　청산진외상
明月定中心　명월정중심
山河天眼裏　산하천안리
世界法身中　세계법신중
聽鳥明聞聲　청조명문성
看花悟色空　간화오색공
薄雲岩際宿　박운암제숙
孤月浪中飜　고월낭중번
袖中有東海　수중유동해
嶺上多白雲　영상다백운

청산은 티끌 밖의 모양이고
명월은 선정(禪定) 속의 마음이라.
산하(山河)는 천안(天眼) 속에 있고
세계는 법신(法身) 가운데 있나니
새소리를 들으며 문성(聞聲)을 밝히고
꽃을 보고 색공(色空)을 깨닫는다.
엷은 구름 바위 틈에 잠자고
외로운 달 물결 속에 일렁이네.
소매 속엔 동해(東海)가 있고
고갯마루에는 흰구름 넘나든다.

冥府殿 명부전

地藏大聖威神力	지장대성위신력
恒河沙劫說難盡	항하사겁설난진
見聞瞻禮一念間	견문첨례일념간
利益人天無量事	이익인천무량사

(글·黃葉普渡門)

지장보살님의 위신력이여.
억 겁을 두고 설명해도 다하기 어렵나니
보고 듣고 예배하는 잠깐 사이에
인천(人天)에 이익된 일 무량하여라.

㈜ 지장보살을 찬탄하고 지장보살을 예경하면 모든 사람들에게 한량없는
이익이 온다는 것을 깨우쳐 주는 게송.
 • 항하사(恒河沙) … 한량없이 많은 수.
 • 겁(劫) … 무한히 긴 시간의 단위.

鐘閣 종각

若人欲了知	약인욕료지
三世一切佛	삼세일체불
應觀法界性	응관법계성
一切唯心造	일체유심조

사람들아
삼세일체불(三世一切佛)을 알려 하는가.
법계(法界)의 성(性)을 관(觀)해 보라.
모든 것이 마음 아님이 없나니.

㈜ 법계의 성품을 잘 관해 보면 모든 것이 오직 마음으로 이루어져 있다는
   것을 알려 주는 게송.
   • 관(觀) … 지혜로서 객관의 대경을 조견하는 것. 마음의 눈으로 세상을
     보는 것.
   • 삼세(三世) … 과거, 현재, 미래의 세계.

無名殿 무명전

言詮消息過三千

因見明星云悟道

一坐不知經六年

世尊當入雪山中

豈將黃葉下山下

君也山中逢子期

獨步乾坤誰伴我

兔窺蘿蔔薩淨裡哀

世尊當入雪山中　세존당입설산중
一坐不知經六年　일좌부지경육년
因見明星云悟道　인견명성운오도
言詮消息遍三千　언전소식변삼천
（글·高聲念佛）

嵬巍落落淨裡裏　외외락락정리리
獨步乾坤誰伴象　독보건곤수반상
若也山中逢子期　야야산중봉자기
豈將黃葉下山下　기장황엽하산하

부처님께서 설산(雪山)에 계실 때
한번 앉아 육년이 흘러감을 알지 못했네.
밝은 별을 보고 도(道)를 깨달으시니
그 말씀 그 소식 삼천 세계에 가득하여라.

높고 늠름한 본연(本然)의 세계
하늘과 땅 어디다 비기리.
산중에서 그대를 못 만났다면
어찌 경전만 가지고 중생(衆生)을 달랬으리요.

㈜ 석가모니가 도를 깨치려고 눈 쌓인 산속에 들어가서서 6년간이나 한자
리에 앉아 수행하셨다. 어느 날 새벽 밝은 별을 보고 도를 깨쳤는데 그
기쁜 소식 온 세상에 가득하고 모든 중생들이 함께 기뻐한다는 내용의
게송.
• 황엽(黃葉) … 불경전(佛經典), 단풍잎 같은 불경.

淸風寮 청풍료

圓覺山中生一樹	원각산중생일수
開花天地未分前	개화천지미분전
非靑非白亦非黑	비청비백역비흑
不在春風不在天	부재춘풍부재천
三界猶如汲井輪	삼계유여급정륜
百千萬劫歷微塵	백천만겁역미진
此身不向今生度	차신불향금생도
更待何生度此身	갱대하생도차신
山堂靜夜坐無言	산당정야좌무언
寂寂寥寥本自然	적적요요본자연
何事西風動林野	하사서풍동임야
一聲寒雁唳長天	일성한안려장천
自從今身至佛身	자종금신지불신
堅持禁戒不毀犯	견지금계불훼범
唯願諸佛作證明	유원제불작증명
寧捨身命終不退	영사신명종불퇴

원각산(圓覺山) 속에 나무 한 그루 있어
천지창조 이전에 꽃이 피었다네.
그 꽃은 푸르지도 않고 희지도 않고 검지도 않으며
봄바람도 하늘도 간여할 수 없다네.

삼계(三界)에 오르내림 두레박 줄 같아
백천만겁(百千萬劫)을 지나도 다함이 없네.
이 몸을 금생(今生)에 제도(濟度)하지 못한다면
다시 어느 생을 기다려 제도할 것인가.

고요한 밤 산당(山堂)에 묵묵히 앉았으니
적요로움 가득 본연(本然)의 세계인데
무슨 일오 서풍(西風)은 건 듯 불어 나무숲 흔들리고
장천(長天)에 찬 기러기 끼룩끼룩 이 무슨 소식인가.

제가 지금부터 성불(成佛)에 이르기까지
부처님의 계율(戒律) 범하지 않으려 하오니
오직 원컨대 모든 부처님 증명하소서.
결코 이 목숨 다하도록 물러나지 않겠나이다.

無名殿 무명전

佛智廣大同虛空	불지광대동허공
得成無上照世燈	득성무상조세등
悉令一切諸衆生	실령일체제중생
悉了世間諸妄想	실료세간제망상
淸淨善根普回向	청정선근보회향
利益群迷恒不捨	이익군미항불사

허공과 같은 부처님의 지혜여
세상에 가장 밝은 등불이어라.
모든 중생으로 하여금
세간(世間)의 모든 망상을 깨닫게 하고
청정한 선근(善根)을 널리 회향(回向)하사
중생 이롭게 하는 일 언제나 쉬지 않으시네.

㊎ 부처님의 한량없는 자비와 능력을 찬양하고 항상 중생을 교화하는 공덕
  을 칭송하는 게송.
  • 망상(妄想) … 이치에 어긋나는 망령된 생각.
  • 선근(善根) … 좋은 과보를 낳게 하는 착한 일.
  • 회향(回向) … 미타(彌陀)의 공덕에 의지해서 극락왕생하는 것.

無名殿 무명전

文章散作生靈福　문장산작생령복
議論吐爲仁義辭　의론토위인의사
若識無中含有象　약식무중함유상
無雙彩筆珊瑚架　무쌍채필산호가

昨日土墻當面立　작일토장당면립
今朝竹牖向陽開　금조죽유향양개

문장을 지으니 영복(靈福)이 나고
의논하면 인의(仁義)를 토하네.
만약 무중(無中)에 유(有)를 안다면
둘도 없는 채필(彩筆)이 산호가(珊瑚架)에 걸림이라.

어제는 토장(土墻)을 향해 섰는데
오늘은 아침에 햇빛을 향하여 창을 연다.

㊟ • 영복(靈福) … 영혼의 안락.
　• 채필(彩筆) … 영혼을 장식하는 붓.

尋牛圖(十牛訟) 심우도(십우송)

곽암화상(廓庵和尙)

1. 尋牛(심우, 소를 찾다)

茫茫撥草去追尋	망망발초거추심
水闊山遙路更深	수활산요로갱심
力盡神疲無處覓	역진신피무처멱
但聞楓樹晩蟬吟	단문풍수만선음

우거진 숲을 헤치며 소의 자취를 찾누나.
넓은 물 높은 산 길은 더욱 험한데
몸과 마음 피로해 찾을 길 없고
매미 우는 소리만 귓가에 요란하구나.

2. 見跡(견적, 자취를 보다)

水邊林下跡偏多	수변임하적편다
芳草離披見也麼	방초리피견야마
縱是深山更深處	종시심산갱심처
遼天鼻空怎藏他	요천비공즘장타

개울가와 나무 그늘에 수많은 발자국
풀이 우거졌으나 이를 헤치고 본다.
비록 이곳이 아무리 산이 높고 골이 깊은들
콧구멍이야 어찌 그것을 감출 수 있으랴.

3.見牛(견우, 소를 보다)

黃鶯枝上一聲聲 황앵지상일성성
日暖風和岸柳靑 일난풍화안류청
只此更無廻避處 지차갱무회피처
森森頭角畵難成 삼삼두각화난성

꾀꼬리는 나뭇가지 위에 꾀꼴꾀꼴
따뜻한 봄바람 버들잎 푸르네
여기서 한걸음도 물러설 수 없는데
삼삼한 소의 뿔 그림으로 그릴 수 없네.

4. 得牛(득우, 소를 얻다)

竭盡精神獲得渠 갈진정신획득거
心强力壯卒難除 심강역장졸난제
有時纔到高原上 유시재도고원상
又入烟雲深處居 우입연운심처거

있는 힘 다하여 잡기는 했는데
고집 세고 힘센 놈 다스릴 수 없네.
어찌하여 언덕 위에 따라오더니
또 다시 산속으로 달아나누나.

5. 牧牛(목우, 소를 먹이다)

鞭牽時時不離身 편견시시불이신
恐伊縱步入埃塵 공이종보입애진
相將牧得純和也 상장목득순화야
覇鎖無拘自逐人 패쇄무구자축인

채찍 고삐 단단히 잡고
저놈이 다시 달아날세라 염려했더니
이제는 길이 잘 들었기에
고삐에 구애없이 사람을 따르네.

6. 騎牛還家(기우환가, 소 타고 집에 오다)

騎牛迤邐欲還家 기우이리욕환가
羌笛聲聲送晚霞 강적성성송만하
一拍一歌無限意 일박일가무한의
知音何必鼓唇牙 지음하필고진아

소를 타고 흔들거리며 돌아오는 길
저녁노을 속을 헤치고 피리를 분다.
장단 맞춰 노래하는 곡조마다 한없는 뜻 담겼으니
아는 이 없이 홀로 웃는다.

7. 忘牛存人(망우존인, 소는 없고 사람만 있다.)

騎牛已得到家山	기우기득도가산
牛也空兮人也閑	우야공혜인야한
紅日三竿猶作夢	홍일삼간유작몽
鞭繩空頓草堂閒	편승공돈초당한

소를 타고 집으로 돌아오니
소는 벌써 잊혀지고 사람 또한 한가한데
해가 떴으나 아직 단꿈에 잠겼나니
채찍 고삐 필요없고 초당(草堂)만이 한가롭다.

8. 人牛俱忘(인우구망, 사람과 소를 다 잊다)

鞭牽人牛盡屬空	편견인우진속공
碧天遼闊信難通	벽천요활신난통
紅爐焰上爭容雪	홍로도상쟁용설
到此方能合祖宗	도차방능합조종

채찍 고삐 사람 소 모두가 공(空)이로다.
푸른 하늘 높고 넓어 다하기 어렵나니
붉은 화로 불꽃 속에 한 점 눈 어이하리.
지금에야 바야흐로 조종(祖宗)에 들었노라.

9. 返本還源(반본환원, 본래로 돌아오다)

返本還源己費空 반본환원이비공
爭如直下若盲聾 쟁여직하약맹롱
庵中不見庵前物 암중불견암전물
水自茫茫花自紅 수자망망화자홍

본래 제자리인 것을 그렇게도 애를 썼던가
어쩌면 그리도 눈 멀고 귀머거리 같아
집 앞에 물건을 보지 못하나
물은 무심히 흐르고 꽃은 저절로 붉어지네.

10. 入廛垂手(입전수수, 시중에 들어가다)

露胸跣足入廛來 노흉선족입전래
抹土塗灰笑滿顋 말토도회소만시
不用神仙其我訣 불용신선기아결
直教枯木放花開 직교고목방화개

가슴을 헤치고 맨발로 시중에 들어가니
더벅머리에 옷은 남루하고 미소뿐이네.
신선을 구하지 않음이 나의 비결인데
그대로 고목에 꽃을 피우네.

㊟ 선의 생명은 대오(大悟)에 있다. 자각성지(自覺聖智) 내심(內心) 자증(自證)이 바로 그것이다. 깨달음은 선의 대명제(大命題)이며 주체적인 인간 형성의 길이다. 목우도(牧牛圖)는 이러한 선불교(禪佛敎)의 궁극적인 이상을 시각화하고 깨달음의 대의(大意)를 소를 찾는 10단계의 그림으로 형상화시킨 것이다.

소 백 산 용 문 사
小白山龍門寺

경상북도 예천군 용문면 지내리(대한불교 조계종 고운사 말사)

신라 제14대 경문왕 10년(870년)에 두운(杜雲)이 절을 창건하여 용문사(龍門寺)라고 이름지었다고 한다.

두운이 절을 짓기 위해 이곳에 이르렀을 때 바위 위에서 용이 영접하였다고 붙여진 이름이다. 절을 짓기 시작했을 때 나무둥치 사이에서 무게가 16냥이나 되는 은병(銀瓶) 하나가 나와 그것을 팔아서 공사비에 충당했다는 전설이 있다.

고려 태조는 후삼국을 정벌할 때 이 절에 군사를 주둔시킨 일이 있었는데, 두운의 옛일을 생각하고 훗날 천하를 평정하면 이곳에 큰 절을 일으키겠다는 맹세를 하였다. 그 후 태조가 등극하자 이 절을 칙명으로 중건하고 매년 150석의 쌀을 하사하였다.

大藏殿 대장전

佛身普遍十方中	불신보변시방중
三世如來一切同	삼세여래일체동
廣大願雲恒不盡	광대원운항부진
汪洋覺海杳難窮	왕양각해묘난궁

부처님은 우주에 가득하시니
삼세의 모든 부처님 다르지 않네.
광대무변한 원력 다함이 없어
넓고 넓은 깨달음의 세계 헤아릴 수 없네.

㊟ 부처님의 무한한 능력과 원과 자비심을 찬양한 글.
· 원(願) … 중생을 구제하려는 부처님의 마음.
· 왕양(汪洋) … 넓고 넓은 바다.
· 각해(覺海) … 깨달음의 바다.

芥陀殿 개타전

> 茫茫河水古佛心 망망하수고불심
> 天極金剛法起體 천극금강법기체
> 藏身龍角過碧海 장신용각과벽해
> 大千世界吞吐客 대천세계탄토객

망망한 강물은 옛 부처의 마음이요
하늘에 닿은 금강(金剛)은 법(法)의 근본이라.
몸을 감춘 용은 벽해(碧海)를 지나고
대천세계(大天世界)는 나그네를 삼키고 토한다.

㊟ • 천극(天極) … 하늘의 남극(南極), 북극(北極), 온 하늘.
 • 대천(大千) … 삼천대천세계(三千大千世界).

應眞殿 응진전

> 圓覺山中生一樹 원각산중생일수
> 開花天地未分前 개화천지미분전
> 非靑非白亦非黑 비청비백역비흑
> 不在春風不在天 부재춘풍부재천

원각산(圓覺山) 속에 나무 한 그루 있어
천지창조 이전에 꽃이 피었다네.
그 꽃은 푸르지도 않고 희지도 않고 검지도 않으며
봄바람도 하늘도 간여할 수 없다네.

㊟ 김천(金泉) 직지사(直指寺)에도 이와 같은 주련이 있음. 이 주련의 뜻을
잘 생각해 보는 것은 바로 우리들 속인에게는 선(禪)의 화두(話頭)와 같
은 것이니 잘 생각해 보면 매우 심오한 이치를 깨닫게 된다.

冥府殿 명부전

地藏大聖威神力	지장대성위신력
恒河沙劫說難盡	항하사겁설난진
見聞瞻禮一念間	견문첨례일념간
利益人天無量事	이익인천무량사

〔글 · 黃葉普渡門〕

지장보살님의 위신력이여.
억겁(億劫)을 두고 설명해도 다하기 어렵나니.
보고 듣고 예배하는 잠깐 사이에
인천(人天)에 이익된 일 무량(無量)하여라.

㊜ 지장보살을 찬탄하고 지장보살을 예경하면 모든 사람들에게 한량없는
이익이 온다는 것을 깨우쳐 주는 게송.
 • 항하사(恒河沙) ⋯ 한량없이 많은 수.
 • 겁(劫) ⋯ 무한히 긴 시간의 단위.

황 학 산 용 담 사

黃鶴山龍潭寺

경북 안동군 길안면 금곡리(대한불교 조계종 제16교구 고운사 말사)

신라 문무왕 4년(664) 화엄(華嚴)이 창건하였으며 그 후 조선 14대 선조 7년에 중건하였다. 무량수전은 경북 문화재 제14호(1969)로 지정되어 있다.

주변에 산수가 수려하고 오염되지 않는 맑은 물과 공기는 이 절을 찾는 사람의 마음을 맑게 해준다.

특히 절 옆의 용담 폭포는 높지는 않으나 운치가 있어 여름이면 많은 피서객이 모이기도 한다.

龍舞鶴歌意千般 용무학가의천반

용이 춤추고 학이 노래하는 속에
천 가지 많은 뜻이 담겨 있다.

圓覺山中生一樹 원각산중생일수
開花天地未分前 개화천지미분전
非靑非白亦非黑 비청비백역비흑
不在春風不在天 부재춘풍부재천

원각산(圓覺山) 속에 나무 한 그루 있어
천지창조 이전에 꽃이 피었다네.
그 꽃은 푸르지도 않고 희지도 않고 검지도 않으며
봄바람도 하늘도 간여할 수 없다네.

㈜ 김천 직지사(直指寺)에도 이와 같은 주련이 있음. 천지가 열리기 이전
   희도 검도 푸르지도 않고 어떤 여건에도 영향을 받지 않는 그것이 무엇
   일까? 생각할수록 심사(深思)의 숲으로 우리의 사고를 끌고 간다.

禪院 선원

> 山堂靜夜坐無言　산당정야좌무언
> 寂寂寥寥本自然　적적요요본자연
> 何事西風動林野　하사서풍동임야
> 一聲寒雁唳長天　일성한안려장천

(글・高聲念佛)

고요한 밤 산당(山堂)에 묵묵히 앉았으니
적요로움 가득 본연(本然)의 세계인데.
무슨 일로 서풍은 건듯 불어 나무숲을 흔들며
장천(長天)에 기러기 끼득끼득 이 무슨 소식인가.

寮舍 요사

> 一拳拳倒黃鶴樓　일권권도황학루
> 一踢踢飜鸚鵡洲　일척척번앵무주
> 有意氣時添意氣　유의기시첨의기
> 不風流處也風流　불풍류처야풍류

한 번의 주먹질로 황학루가 무너지고
발길질 한 번에 앵무주가 뒤집히니
기상이 있을 때엔 기상을 더해 주고
풍류가 없는 곳엔 풍류가 찾아든다.

㈜ 수행을 위해 용맹정진하는 기백을 노래한 게송이다.
• 황학루(黃鶴樓) … 중국 호북성에 있는 옛 누각.

화 산 연 화 사
花山蓮華寺

경상북도 안동군 풍천면 하회동(대한불교 제16교구 고운사 말사)

전설에 의하면 삼국시대에 산태극(山太極) 수태극(水太極)으로 유명한 지금의 하회(河回) 마을 안에는 큰 절이 있었는데 마을이 번창하자 유림들의 횡포로 훼손되고 말았다 한다.

지금 절이 있는 장소는 그 당시 탑골이라고 부르던 곳으로 작은 암자가 있었다고 한다. 그때의 그 탑은 발굴되어 지금도 절 앞에 서 있다.

류성용 대감의 생가가 있는 하회 마을을 멀리 서편으로 바라보고 서 있는 작은 암자는 이조 말엽 배불정책으로 밀려난 아픈 상처를 아직도 안고 있는 듯하다.

대웅전

大雄殿 대웅전

只在此身中雲深不知處	지재차신중운심부지처
梧桐示三皇杜鵑設六祖	오동시삼황두능설육조
長天輪輪岩萬像遊遊露	장천륜륜암만상유유로
鳳鳴靈山月象遊鹿野風	봉명영산월상유녹야풍

다만 이 몸 속에 구름이 깊어 어디 있는지 알 수 없네.
오동(梧桐)은 삼황(三皇)를 가리키고
두견은 능히 육조(六祖)를 부르도다.
장천(長天)은 굽이굽이 바위 위를 감돌고,
만상(萬像)은 이슬 위에 노니는데
영산(靈山)에 달 뜨니 봉이 울고,
녹야원(鹿野園)에 바람 부니 코끼리 노네.

㊟ • 삼황(三皇) … 복희씨(伏羲氏), 신농씨(神農氏), 황제씨(黃帝氏).
  • 身(신) … 산중(山中)을 비유(比喩)해서 신중(身中)으로 표현함.

院主室 원주실

報化非眞了妄緣 보화비진료망연
法身清淨廣無邊 법신청정광무변
千江有水千江月 천강유수천강월
萬里無雲萬里天 만리무운만리천

(글·高聲念佛)

보신(報身)과 화신(化身)이 참이 아닌
망연된 인연(因緣)인 줄 요달(了達)하면
청정한 법신은 가이없이 넓고 넓네.
천 갈래 강물에 물이 있다면 천강(千江)마다 달이 떠오르고
만 리 하늘에 구름이 없다면 청청 하늘은 만 리에 뻗네.

월 악 산 미 륵 사

月岳山彌勒寺

충청북도 중원군 상모면 복계리

　그 옛날 한 많은 마의태자가 입산한 이래 오늘까지 나오지 않았다는 산기슭 솔밭에 지어진 아담한 이 절은 국립 공원 월악산을 찾는 많은 사람들 눈에 잘 띄는 곳에 자리잡고 있다.

　미륵불을 주불로 봉안한 이 작은 암자는 소박한 충청도 사람들의 정성이 모여 만들어진 작은 사암이다.

龍華殿　용화전

雨寶益生滿虛空　우보익생만허공
衆生隨器得利益　중생수기득리익
是故行者還本際　시고행자환본제
叵息妄想必不得　파식망상필부득
無緣善巧捉如意　무연선교착여의

(글·義湘祖師法性偈)

이로운 법의 비는 허공에 가득하야
제 나름 중생들 근기따라 온갖 원 얻게 하네.
행자 고향으로 깨달아 돌아가면
망상은 안 쉬려도 안 쉴 길 바이없고.
무연(無緣)의 방편으로 여의보(如意寶) 찾았으리.

속리산법주사
俗離山法住寺

•

충청북도 보은군 내속리면 사내리(대한불교 조계종 제5교구 본산)

신라 제24대 진흥왕 14년(553)에 의신조사(義信祖師)가 창건하였고, 그 후 신라 제36대 혜공왕 12년에 진표조사(眞表祖師)가 중창하였다고 한다.

절 이름을 법주사(法住寺)라고 한 것은 의신조사가 서역(西域)에서 돌아올 때 나귀에 불경을 싣고 오다가 이곳에서 머물렀는데, 법(法)이 머물렀다는 뜻으로 이름이 붙여졌다고 한다.

그러나 그 후 진표조사와 그 제자들에 의해 미륵신앙의 중심 도량이 되어 대찰(大刹)의 면모를 갖추게 되었다.

즉 금산사(金山寺)를 창건한 진표조사는 제자 영심(永深)들에게 속리산으로 들어가서 길상초(吉祥草)가 나는 곳을 찾아서 가(伽)를 짓고 교법(敎法)을 펴라고 했다.

그리하여 제자들은 속리산으로 들어가서 절을 세우고 이름을 길상사(吉祥寺)라고 하였는데 길상사가 바로 지금의 법주사의 별칭이다.

법주사 뒤에 있는 속리산에는 절경을 자랑하는 문장대가 있어서 춘추로 많은 사람들이 등산을 즐기고 있다.

金剛門 금강문

擁護聖衆滿虛空　옹호성중만허공
都在毫光一道中　도재호광일도중
信受佛語當擁護　신수불어당옹호
奉行經典永流通　봉행경전영유통

(글·神衆作法 歌詠)

옹호성중(擁護聖衆)이 온 천지에 가득하니
모든 길 속에 부처님의 호광(毫光)이 있도다.
부처님의 말씀을 믿고 받아 옹호하고
경전(經典)을 받들어서 길이 유통(流通)케 하라.

㊟ • 옹호(擁護) … 중생과 불법을 돕거나 감싸서 지키는 일.
• 호광(毫光) … 백호광(白毫光) 부처님의 두 눈썹 사이에 있는 희고 빛
나는 가는 터럭에서 나오는 밝은 빛. 부처님의 위신을 상징함.

天王門 천왕문

천왕문

威光遍照滿乾坤　위광변조만건곤
眞界無爲解脫門　진계무위해탈문
雲暗日明身內影　운암일명신내영
山靑水碧鏡中痕　산청수벽경중흔
四大天王威勢雄　사대천왕위세웅
護世巡遊處處通　호세순유처처통

부처님의 위광(威光)이 온 천지에 가득 차 있으니
해탈문(解脫門)이 따로 있는 것이 아니고 모두 진계(眞界)다.
구름이 어둡고 해가 밝은 것은 모두 내 마음의 그림자
산이 맑고 물이 푸른 것은 거울 속에 남은 흔적(痕迹)이로다.
사대천왕(四大天王)의 위세가 크기도 하네 .
이 세상 두루 다니며 통하지 않는 곳이 없도다.

㊀ 주련은 기둥 숫자에 맞추어 붙이므로 4줄의 계송이 끝나도 기둥이 남으면 앞의 구와 다른 계송을 2줄 붙이는 경우가 많음. 이 경우도 그러한 경우이다.

- 위광(威光) … 위엄 있고 거룩한 빛.
- 진계(眞界) … 진리가 실현되는 참세계.
- 사대왕(四大王) … 사천왕(四天王), 욕계6천의 제1인 사천왕천의 주인들.

持禪院 지선원

小林山中九年間	소림산중구년간
神光來到雪中立	신광래도설중립
利刀斷臂呈老師	이도단비정로사
諸佛法印聞慾時	제불법인문욕시
覓心始安心一華	멱심시안심일화
四顧靑山白雲起	사고청산백운기
一花五葉今何在	일화오엽금하재
花笑鳥喃幾度春	화소조남기도춘

소림산중에서 구 년간 수도하신 달마대사에게
신광(혜가)이 와서 도를 구하고자 눈 속에 섰다.
모든 법과 가르침을 듣고자 하실 때
날카로운 칼로 팔을 잘라 노사(老師)에게 보였을 때
비로소 마음이 화사하고 편안함을 찾았다.
사방이 청산이요 돌아보니 흰구름이 이네.
이제 깨닫고 보니 일화오엽(一花五葉)은 어디에 있나
꽃피고 새가 지저귀는 봄인들 몇 번이나 지냈으랴.

㈜ 소림산에서 면벽하는 달마대사에게 법을 구하러 찾아간 혜가 스님과 달마대사 사이에 일어난 일화를 나타내는 게송이다.
• 일화오엽(一花五葉) … 심지개발(心地開發)의 양상을 비유. 달마대사께서 "내가 동토(東土)에 와서 법을 전함으로 미혹(迷惑)됨을 풀어 주매 마치 한 송이 연꽃에 다섯 송이가 핀 것 같은 결과가 자연히 이루어지리라."라고 한 말씀에서 연유.
• 신광(神光) … 이조(二祖) 혜가대사(慧可大師, 487~593). 중국 낙양 사람, 낙양 용문사 향산에서 출가. 40세에 숭산 소림사에 달마대사를 찾아가서 눈 속에 앉아 가르침을 구하였으나 허락받지 못하자 자신의 왼팔을 끊어 그 굳은 뜻을 보여 마침내 허락받고 크게 깨달았다고 한다.
• 노사(老師) … 달마대사.

大雄寶殿 대웅보전

佛身普遍十方中　불신보변시방중
三世如來一切同　삼세여래일체동
廣大願雲恒不盡　광대원운항부진
汪洋覺海妙難窮　왕양각해묘난궁

威光遍照十方中　위광변조시방중
月印千江一體同　월인천강일체동
四智圓明諸聖士　사지원명제성사
賁臨法會利群生　분임법회이군생

부처님은 이 우주에 두루 다 계시니
삼세의 모든 부처님 다르지 않네.
광대무변(廣大無邊)한 원력(願力) 다함이 없고
넓고 넓은 깨달음의 세계는 너무 오묘해서 다 말할 길 없네.

부처님의 위광(威光)이 시방세계(十方世界)에 가득차고
천 갈래 강에 비친 달은 천 개로 보여도 근본은 하나.
사지(四智)에 모두 통달한 많은 성인들
법회(法會)에 임해서 많은 중생을 이롭게 하네.

㊀ • 사지(四智) … 여래의 네 가지 지혜. 성소작지(成所作智), 묘관찰지(妙觀察智), 평등성지(平等性智), 대원경지(大圓鏡智).
• 원력(願力) … 서원의 힘.

鐘閣北面 종각북면

願此鍾聲遍法界	원차종성변법계
鐵圍幽暗悉皆明	철위유암실개명
三途離苦破刀山	삼도이고파도산
一切衆生成正覺	일체중생성정각

(글·鐘頌)

원컨대 이 종소리 모든 법계에 두루 퍼지소서
철위지옥(鐵圍地獄)의 모든 어두움도 다 밝아지소서.
삼도(三途)와 도산지옥(刀山地獄)의 고통에서 여의고
모든 중생을 바로 깨닫게 하여 주소서.

㊀ 종을 치는 스님의 마음으로 이 게송을 음미해야 한다.
• 철위(鐵圍) … 철위산(鐵圍山), 이 우주 가장 바깥쪽에 있는 산으로 모두 쇠로 되어 있다고 함.
• 삼도(三途) … 지옥(地獄), 아귀(餓鬼), 축생(畜生)을 말함.
• 도산(刀山) … 도산지옥(刀山地獄). 10대 지옥의 하나. 칼이 박혀 있는 산을 밟고 가는 고통을 겪는 지옥.

鐘閣南面 종각남면

青山疊疊彌陀窟	청산첩첩미타굴
蒼海茫茫寂滅宮	창해망망적멸궁
物物拈來無罣碍	물물염래무가애
幾看松亭鶴頭紅	기간송정학두홍

(글·高聲念佛)

첩첩한 저 청산은 미타굴(彌陀窟)이요
망망한 푸른 바다는 적멸궁(寂滅宮)일세.
물물(物物)이 오감에 걸림이 없는데
소나무 정자에 학의 머리 붉음 몇 번이나 봤는가.

㈜ • 미타굴(彌陀窟) … 아미타불(阿彌陀佛)이 거처하는 곳.
　　• 적멸궁(寂滅宮) … 석존께서 깨달음을 얻고 법을 설하신 보리도량(菩提道場).

三聖閣 삼성각

光流最勝金沙界 광류최승금사계
號曰子孫萬德君 호왈자손만덕군
鎭居北斗昇沈地 진거북두승침지
摠是衆生作福田 총시중생작복전

(글 · 七星各請)

북두성(北斗聖) 왕이 계시는 금사계(金沙界) 아름답고
아름다워라.
내 자손들 만덕군(萬德君)이 되라고 말합니다.
북두칠성이 승침(昇沈)하는 이 땅에 눌러 살면서
모든 중생들 복을 받게하여 주소서.

㊟ • 금사계(金沙界) … 구야니주(拘耶尼洲)의 세계. 관세음 보살의 주거처.
  • 만덕군(萬德君) … 많은 덕행과 선행을 쌓은 사람.

圓通寶殿 원통보전

補	陀	山	上	琉	璃	界	보타산상유리계
正	法	明	王	觀	自	在	정법명왕관자재
影	入	三	途	利	有	情	영입삼도이유정
形	分	六	道	曾	無	息	형분육도증무식
因	脩	十	善	三	祇	滿	인수십선삼지만
果	脩	千	華	百	福	嚴	과수천화백복엄
逈	寶	山	王	碧	海	間	형보산왕벽해간
佩	珠	瓔	珞	白	衣	相	패주영락백의상
無	量	光	中	化	佛	多	무량광중화불다
仰	瞻	皆	是	阿	彌	陀	앙첨개시아미타
應	身	各	挺	黃	金	相	응신각정황금상
寶	髻	都	施	碧	玉	螺	보계도시벽옥라

보타산상(補陀山上) 맑은 세계에 계시는
정법명왕여래(正法明王如來)이신 관세음 보살님은
삼도(三途)와 지옥에 그림자처럼 들어가 모든 유정(有情) 이롭게 하네.
육도윤회(六道輪廻)를 갈아노아 다시는 윤회 못하게 하시고
삼기(三祇)에 가득 차도록 십선(十善)을 닦은 인연으로
천 가지 영화와 백 가지 복을 결과로 얻도다.

푸른 바다 사이에 형보산왕(逈寶山王)님
온갖 보배로 단장한 백의 상(像)
무궁한 세월 동안 여러 모습으로 나타시도다.
우러러 보니 모두가 아미타불이요
모든 곳에 황금상(黃金像)으로 나타나시며
거룩하신 부처님 이 세상 모든 곳에 두루 계시도다.

㊜ • 보타산(補陀山) … 사대명산(四大名山) 중의 하나. 중국 절강성에 있는
　　 산으로 옛부터 관세음 보살의 영장(靈場)으로 숭배되던 곳.
　 • 삼기(三祇) … 보살 수행의 연시(年時). 삼아승기겁(三阿僧祇劫)의 약
　　 칭.
　 • 십선(十善) … 십선도(十善道), 십선계(十善戒)라고도 하며 십악(十惡)
　　 를 범치 않는 제계(制戒).
　 • 형보산왕(逈寶山王) … 관세음 보살을 말함.
　 • 보계(寶髻) … 부처님의 상투. 32상의 하나.
　 • 유리계(琉璃界) … 극락 세계.
　 • 유정(有情) … 마음이 있는 중생.

拈華室 염화실

염화실

鐵牛畊破洞天中　철우경파통천중
見得分明譏得處　견득분명기득처
西江吸盡了無餘　서강흡진료무여
桃花片片出源深　도화편편출원심

突出堂堂大丈夫　돌출당당대장부
擧來猶自涉道程　거래유자섭도정

철우(鐵牛)는 하늘을 모두 갈아엎어
분명한 곳과 못 쓸 곳을 가려내어
서강(西江)을 모두 삼켜도 남음이 없는데
도화무릉(桃花武陵)은 깊고도 깊도다.

대장부 뜻 당당하여
스스로 나아갈 길 찾아가도다.

㈜ • 철우(鐵牛) … 不動着(空) 또는 정식(情識)을 여윈 초월(超越)의 경
　　지라는 뜻.

尋牛圖(十牛訟) 심우도(십우송)

곽암화상(廓庵和尙)

1. 尋牛(심우, 소를 찾다)

茫茫撥草去追尋	망망발초거추심
水闊山遙路更深	수활산요로갱심
力盡神疲無處覓	역진신피무처멱
但聞楓樹晚蟬吟	단문풍수만선음

우거진 숲을 헤치며 소의 자취를 찾누나
넓은 물 높은 산 길은 더욱 험한데
몸과 마음 피로해 찾을 길 없고
매미 우는 소리만 귓가에 요란하구나.

2. 見跡(견적, 자취를 보다)

水邊林下跡偏多 수변임하적편다
芳草離披見也麽 방초리피견야마
縱是深山更深處 종시심산갱심처
遼天鼻孔怎藏他 요천비공즘장타

개울가와 나무그늘에 수 많은 발자국
풀이 우거졌으나 이를 헤치고 본다
비록 이곳이 아무리 이 높고 골이 깊은들
콧구멍이야(요천비공) 어찌 그것을 감출 수 있으랴

3. 見牛(견우, 소를 보다)

黃鶯枝上一聲聲　황앵지상일성성
日暖風和岸柳靑　일난풍화안류청
只此更無廻避處　지차갱무회피처
森森頭角畫難成　삼삼두각화난성

꾀꼬리는 가지 위에 꾀꼴꾀꼴
따뜻한 봄바람 버들 잎 푸르네
여기서 한 걸음도 물러설 수 없는데
삼삼한 소의 뿔 그림으로 그릴 수 없네

4. 得牛(득우, 소를 얻다)

竭盡精神獲得去	갈진정신획득거
心强力壯率難除	심강역장졸난제
有時日到高原上	유시목도고원상
又入烟雲深處居	우입연운심처거

있는 힘 다하여 잡기는 했는데
고집 세고 힘센 놈 다스릴 수 없네
어찌하여 언덕 위에 따라오더니
또다시 산속으로 달아나누나

5. 牧牛(목우, 소를 먹이다)

鞭索時時不離身　편쇄시시불이신
恐伊縱步入埃塵　공이종보입애진
相將牧得和也純　상장목득화야순
羈鎖無拘自遂人　패쇄무구자축인

채찍 고삐 단단히 잡고
저놈이 다시 달아날세라 염려했더니
이제는 길이 잘 들여졌기에
고삐에 구애없이 사람을 따르네

6. 騎牛還家(기우환가, 소 타고 집에 오다)

騎牛迤邐欲還家	기우이리욕환가
羌笛聲聲送晚霞	강적성성송만하
一拍一歌無限意	일박일가무한의
知音何必鼓唇牙	지음하필고진아

소를 타고 흔들거리며 돌아오는 길
저녁노을 속을 헤치고 피리를 분다
장단 맞춰 노래하는 곡조마다 한없는 뜻 담겼으니
아는 이 없이 홀로 웃는다.

7. 忘牛存人(망우존인, 소는 없고 사람만 있다.)

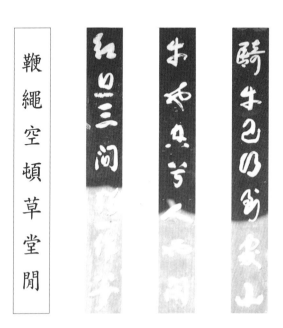

騎牛己得到家山	기우기득도가산
牛也空兮人也閒	우야공혜인야한
紅日三竿猶作夢	홍일삼간유작몽
鞭繩空頓草堂閒	편승공돈초당한

소를 타고 집으로 돌아오니
소는 벌써 잊혀지고 사람 또한 한가한데
해가 떴으나 아직 단꿈에 잠겼나니
채찍 고삐 필요없고 초당(草堂)만이 한가롭다.

8. 人牛俱忘(인우구망, 인우를 다 잊다)

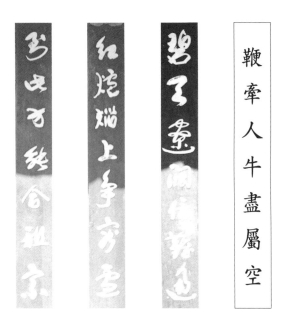

鞭牽人牛盡屬空	편견인우진속공
碧天遼闊信難通	벽천료활신난통
紅爐焰上爭容雪	홍로도상쟁용설
到此方能合祖宗	도차방능합조종

채찍 고삐 사람 소 모두가 공(空)이로다
푸른 하늘 높고 넓어 다하기 어렵나니
붉은 화로 불꽃속에 한점 눈 어이하리
지금에야 바야흐로 조종(祖宗)에 들었노라

9. 返本還源(반본황원, 본래로 돌아오다)

返本還源己費功	반본환원기비공
爭如直下若盲聾	쟁여직하약맹롱
庵中不見庵中物	암중불견암중물
水自茫茫花自紅	수자망망화자홍

본래 제자리인 것을 그렇게도 애를 썼던가
어쩌면 그리도 눈 멀고 귀머거리 같아
집 앞의 물건(物件)을 보지 못하나
물은 무심히 흐르고 꽃은 저절로 붉어지네

10. 入塵垂手(입전수수, 시중에 들어가다)

露胸跣足入塵來　노흉선족입전래
抹土塗灰笑滿顋　말토도회소만시
不用神仙眞秘蜜　불용신선진비밀
直敎枯木放花開　직교고목방화개

가슴을 헤치고 맨발로 시중에 들어가니
더벅머리에 옷은 남루 미소뿐이네.
신선을 구하지 않음이 나의 비결인데
그대로 고목에 꽃을 피우네.

㈜ 선의 생명은 대오(大悟)에 있다. 자각성지(自覺聖智) 내심자증(內心自證)이 바로 그것이다. 깨달음은 선의 대명제(大命題)이며 주체적인 인간 형성의 길이다. 목우도(牧牛圖)는 이러한 선불교(禪佛敎)의 궁극적인 이상을 시각화하고 깨달음의 대의를 소를 찾는 10가지 과정의 그림으로 형상화시킨 것이다.

운 달 산 금 룡 사
雲達山金龍寺

경상북도 문경군 산북면 금용리(대한불교 조계종 제8교구 황학산 직지사 말사)

신라 제26대 진평왕 10년(588) 운달조사(雲達祖師)가 창건했는데, 그 후 임진왜란 때 전소된 것을 조선 제16대 인조 2년(1649) 혜총선사(慧總禪師)가 중건했다.

옛날에는 48동의 건물과 14개의 암자가 있었다고 하니 그 규모를 상상할 수 있다.

이 절은 창건 당시 운봉사(雲峰寺)라고 하였는데, 절 이름을 김룡사라고 한 것은 문경부사 김씨가 이 산에 은거하고 불공을 드려서 처음에 신녀(神女)를, 두 번째에는 아들을 낳게 되었다고 한다. 그 아들의 이름을 용(龍)이라 하였더니 가운이 번창하였으므로, 이에 불공드리던 곳을 김룡동이라 하고, 그 북쪽에 있던 운봉사를 김룡사로 개칭하였다고 한다.

일설에는 금선대(金仙臺)의 금자와 용소폭포의 용자를 따서 금룡사라 하였다는 설도 있다.

一柱門 일주문

入此門內莫存知解 입차문내막존지해
無解空器大道成滿 무해공기대도성만

이 문을 들어오거든 알음아리를 피우지 말라
무해(無解)한 공기(空器)라야 도를 성취하리다.

㈜ 부처님의 도량인 절에 들어올 때는 속세의 모든 알름아리를 버리고 마음을 비운 상태로 들어와서 순수한 마음으로 부처님의 가르침을 받들라는 교훈.

天王門 천왕문

罰惡群品賜災隆

從善有情貽福蔭

護世巡遊處處通

四大天王威勢雄

四大天王威勢雄　사대천왕위세웅
護世巡遊處處通　호세순유처처통
從善有情貽福蔭　종선유정이복음
罰惡群品賜災隆　벌악군품사재륭

(글씨 · 小錦)

사대 천왕(四大天王)의 위엄 크고도 웅장하여라.
온 세상을 지키시고 모든 곳에 나타나시며
세상 사람 착한 일엔 복을 주고
악한 무리에게 벌을 주어 재앙을 내리도다.

㊒ • 사대천왕(四大天王) … 사천왕(四天王).
　• 군품(郡品) … 많은 계층의 사람들.

寮舍 요사

刹塵心念可數知
大海中水可飮盡
虛空可量風可繫
無能盡說佛功德

刹塵心念可數知	찰진심념가수지
大海中水可飮盡	대해중수가음진
虛空可量風可繫	허공가량풍가계
無能盡說佛功德	무능진설불공덕

세상의 티끌 모두 세어 알 수 있고
가없는 바닷물을 모두 마셔 버릴 수도 있고
허공을 헤아리고, 바람 또한 붙잡아맬 수 있어도
부처님의 크신 공덕만은 능히 다 말할 수 없네.

㊟ 한없이 크신 부처님의 공덕을 찬양한 게송.

供養閣 공양각

天衾地蓆山爲枕	천금지석산위침
月燭雲屏海作樽	월촉운병해작준
大醉居然仍起舞	대취거연잉기무
却嫌長袖掛崑崙	각혐장주괘곤륜

하늘을 이불 삼고 땅을 자리 삼고 산을 베개 삼으며
달을 촛불로 하고, 구름으로 병풍 삼고, 바닷물로 술 삼으니
크게 취해 의연히 일어서 춤을 추려 하는데
걱정스럽구나 장삼자락 곤륜산에 걸릴까.

㈜ 깨달음을 위해 용맹정진하는 스님의 큰 기백을 나타낸 게송.
 • 준(樽) … 술이 담긴 나무통.
 • 장삼(長衫) … 검은 배로 길이가 길고 소매를 넓게 만든 스님들의 옷.
 • 곤륜(崑崙) … 곤륜산(崑崙山). 중국 절강성에 있는 산. 옥이 많이 나오며 불사(不死)의 선녀 서왕모가 산다는 서방의 낙토(樂土).

上禪院 상선원

摧殘枯木依寒林　최잔고목의한림
幾度逢春不變心　기탁봉춘불변심
樵客過之猶不顧　초객과지유불고
郢人那得苦追尋　영인나득고추심

(글씨·小錦)

꺾어진 고목이 찬 숲을 의지하고
몇 번이나 봄을 만나도 그 마음 변치 않네.
나무꾼 지나쳐도 돌아보고 그냥 가니
영인(郢人)이 와서 그 고초를 살펴 노래하네.

㊀ • 초객(樵客) … 나무꾼.
　• 영인(郢人) … 노래를 잘 부르는 사람.

極樂殿 극락전

無量光中化佛多	무량광중화불다
仰瞻皆是阿彌陀	앙첨개시아미타
應身各挺黃金相	응신각정황금상
寶髻都旋碧玉螺	보계도선벽옥라

〔글씨·小錦, 글·觀音禮文〕

무량(無量)한 빛 가운데 많은 화신불 나타나시는데
우러러보니 모두가 아미타불이로다.
나타나시는 그 모습마다 황금빛 나타내시고
보계엔 모두 푸른 옥으로 두르셨네.

㊟ • 보계(寶髻) … 32상 중의 하나. 부처님의 머리에 상투처럼 튀어나온 부분.
• 무량광(無量光) … 아미타불에서 발하는 밝은 광명.
• 응신(應身) … 중생 교화를 위하여 사람과 같은 모습으로 나타난 부처님의 몸.

金輪殿 금륜전

威光遍照十方中	위광변조시방중
月印千江一切同	월인천강일체동
四智圓明諸聖士	사지원명제성사
賁臨法會利群生	분임법회리군생

부처님의 위광(威光)이 온 천지에 두루 비치니
천강(千江)에 비치는 달 그림자 모두가 같도다.
사지(四智)를 통달하신 모든 성인(聖人)들이
법회에 강임하여 많은 중생 이익을 주네.

㊀ • 사지(四智) … 부처님의 원만한 깨달음의 지혜를 말함. 대원경지(大圓鏡智), 평등성지(平等性智), 묘관찰지(妙觀察智), 성소작지(成所作智).
• 성사(聖士) … 도를 깨친 대승보살(大乘菩薩).
• 군생(群生) … 많은 중생들.

香霞堂 향하당

心隨萬境轉 심수만경전
轉處悉能幽 전처실능유
隨流認得性 수류인득성
無喜亦無憂 무희역무우

(글・마나라 존자)

마음은 만 가지 경계(境界)를 따라가는데
마음 굴러가는 곳 모두가 그윽하여라.
흐름을 따라 성품을 깨닫는다면
기쁨도 근심도 모두 없도다.

大藏殿 대장전

佛身普遍十方中	불신보변시방중
三世如來一切同	삼세여래일체동
廣大願雲恒不盡	광대원운항부진
汪洋覺海渺難窮	왕양각해묘난궁

부처님은 우주에 가득하시니
삼세(三世)의 모든 부처님 다르지 않네.
광대무변(廣大無邊)한 원력(願力) 다함이 없어
넓고 넓은 깨달음의 세계 헤아릴 수 없네.

㊟ 부처님의 무한한 능력과 원과 자비심을 찬양한 글.
  • 원(願) … 중생을 구제하려는 원하고 바라는 부처님의 마음.
  • 왕양(汪洋) … 넓고 넓은 바다.
  • 각해(覺海) … 깨달음의 바다.

海雲菴 해운암

一住寒山萬事休	일주한산만사휴
更無雜念掛心頭	갱무잡념괘심두
閒於石壁題詩句	한어석벽제시구
任運還同不繫舟	임운환동불계주

(글·寒山 스님)

한 번 한산 속에 들어오니 만사가 한가롭구나
마음에 거리낄 잡념이 전혀 없네.
석벽에 시구(詩句)를 끼적이며 한가로울 뿐
되는 대로 맡겨 마음대로 돌게 한 뜬 배와 같구나

㈜ 마음에 잡생각 일지 않으니 몸은 재대로 맡겨 둔 뜬 배와 같다. 무위자
연(無爲自然)의 유유함을 노래한 寒山스님의 명시(名詩)이다.

極樂殿 극락전

淨極光通達	정극광통달
寂照含虛空	적조함허공
却來觀世間	각래관세간
猶如夢中事	유여몽중사

맑음 다한 빛 통달함이여
고요히 저 허공을 다 머금었네.
다시 세간을 관찰해 보니
모두가 꿈속의 일과 같도다.

㊜ • 극광(極光) … 지극히 맑은 부처님의 빛.
• 통달(達) … 막힘 없이 사물의 이치에 깊이 통하는 것.
• 관(觀) … 마음의 눈으로 보는 것.
• 몽중사(夢中事) … 꿈속의 일. 우리의 허망한 인생이 바로 꿈을 꾸고
있는 것과 같다는 것을 비유한 말.

應眞閣 응진각

羅漢神通世所稀	나한신통세소희
行裝現化任施爲	행장현화임시위
松岩隱迹經千劫	송암은적경천겁
生界潛形入四維	생계잠형입사유

나한(羅漢)의 신통력(神通力)은 세상에도 드문 바라
나툼과 감춤을 마음대로 하시어서
소나무 바위 등에 천 겁이나 은적(隱迹)하시고
살아서 생계(生界)에 숨어들며 동서남북에 다 계시네.

㊀ • 나한(羅漢) … 아라한(阿羅漢)의 준말. 소승 불교에서 깨달음에 도달하
고 공덕을 갖춘 성자.
• 신통(神通) … 모든 것을 신기롭게 통달한 것.
• 은적(隱迹) … 그 자취를 감추고 있는 모습.
• 사유(四維) … 동서남북 사방.

說禪堂 설선당

極樂堂前滿月容　극락당전만월용
玉毫金色照虛空　옥호금색조허공
若人一念稱名號　약인일념칭명호
頃刻圓成无量功　경각원성무량공

高聲念佛

극락당(極樂堂) 앞에 만월(滿月) 같은 아미타불 얼굴
옥호(玉毫)와 금빛 얼굴은 허공을 비추는구나
만일 사람들이 일념으로 부처님의 명호를 부른다면
잠깐 동안에 한량없는 큰 공덕을 이루리라.

㈜ 아미타불의 한량없는 공덕을 찬탄하는 동시에 염불의 중요성을 강조한 게송임.

• 옥호(玉毫) ⋯ 32상의 하나. 부처님 두 눈썹 사이에 있는 희고 빛나는 가는 터럭.
• 금색(金色) ⋯ 32상의 하나. 부처님 몸에서 발하는 황금색 빛깔.
• 극락당(極樂堂) ⋯ 아미타불을 주불(主佛)로 모신 사찰의 전각.
• 일념(一念) ⋯ 전심(專心)으로 염불하는 일.
• 명호(名號) ⋯ 부처님과 보살의 이름.
• 경각(頃刻) ⋯ 아주 짧은 시간.
• 원성(圓成) ⋯ 원만하게 성취하는 것.

金龍樓閣 금룡누각

海底泥牛含月走
岩前石虎抱兒眠
鐵蛇鑽入金剛眼
崑崙騎象鷺鷥牽

(글씨 · 小錦)

海底泥牛含月走	해저니우함월주
岩前石虎抱兒眠	암전석호포아면
鐵蛇鑽入金剛眼	철사찬입금강안
崑崙騎象鷺鷥牽	곤륜기상로자견

해저에 이우(泥牛)는 달을 물고 달아나고
암전(岩前)에 호랑이는 아이를 안고 잠자고 있네.
철사(鐵蛇)는 금강력사(金剛力士) 눈 속을 뚫고 들어가며
곤륜(崑崙)에서 코끼리를 타니 자고새가 몰고 가네.

㈜ • 이우(泥牛) … 토우(土牛), 흙으로 만든 소 중국에서는 입춘 때 이 토우를
    장식함.
   • 철사(鐵蛇) … 쇠로 만든 뱀. 우둔한 근기(根氣)의 중생을 말하기도 한다.
   • 노자(鷺鷥) … 백로(白鷺).

冥府殿 명부전

地藏大聖威神力 지장대성위신력
恒河沙劫說難盡 항하사겁설난진
見聞瞻禮一念間 견문첨례일념간
利益人天無量事 이익인천무량사

(글·黃葉普渡門)

지장보살님의 위신력이여
억 겁을 두고 설명해도 다하기 어렵나니
보고 듣고 예배하는 잠깐 사이에
인천(人天)에 이익된 일 한량없어라.

㈜ 지장보살을 찬탄하고 지장보살을 예경하면 모든 사람들에게 한량없는
이익이 온다는 것을 깨우쳐 주는 게송.
• 항하사(恒河沙) … 한량없이 많은 수.
• 겁(劫) … 무한히 긴 시간의 단위.
• 일념(一念) … 전심으로 염불하는 일.

臥龍山遊夏寺

경상북도 안동군 와룡면 가구리(대한불교 조계종 제16교구 고운사 말사)

용은 신령스러운 영물이며 무궁한 풍운조화를 갖고 있다. 그런데 용은
주로 여름에 물이 있는 못이나 깊은 소(沼)에 근거를 두고 지낸다. 와룡산
(臥龍山)의 용도 여름에 지씨(池氏) 집성촌인 가구리(佳丘里)에 나타나 인
천(人天)을 이익하게 한다는 뜻에서 용이 놀던 그 자리에 절을 짓고 이름
을 유하사(遊夏寺)라고 하였다.

正門 정문

神光不昧萬古徽猷 신광불매만고휘유

入此門來莫存知解 입차문래막존지해

(글씨 · 日陀)

신기(神奇)로운 광명이 매(昧)하지 아니하여 만고에 아름다운 법.
이 문을 들어오거던 망상(妄想)을 피우지 말라.

㊟ 사찰의 문을 들어설 때 모든 망상을 버리고 마음을 비운 상태에서 부처
님 앞에 나가라는 가르침.
 • 신광(神光) … 마음을 가리킴. 인간의 본성인 심성(心性)은 불매(不昧)
  하고 아름답다는 뜻.

龍華殿 용화전

용화전

普化三乘火雲雷

宏文又闡大音

放大光明助佛化

窮光土中不當空

位極一生補受化

煩惱斷求福智圓

煩惱斷盡福智圓　번뇌단진복지원
位極一生補處尊　위극일생보처존
寂光土中不留意　적광토중불류의
放大光明助佛化　방대광명조불화
宏示七變之言音　굉시칠변지언음
普化五乘之聖衆　보화오승지성중

(글·大禮讚)

번뇌를 끊으시고 복덕과 지혜 원만하시니
지위는 부처님 보좌하는 높은 자리에 계시고
적광토(寂光土) 속에만 머물지 않으시고
대광명을 놓으시어 부처님 교화를 돕고 계시네.
넓은 지혜와 방편으로 중생 근기에 따라
오승(五乘)의 성중(聖衆)을 교화(敎化)하시네.

㊟ 이 주련은 미륵보살을 찬탄하는 내용의 글이며, '대례찬'이라는 경책에 있는 글이다.
• 보처존(補處尊) … 전불(前佛)의 뒤를 이어서 성불한 보살을 말하며, 일생을 격(隔)하고 성불하는 것을 생보처(生補處)라고 한다. 미륵 보살은 석가여래의 보처보살(補處菩薩)이다. 여기서는 중생 제도를 위해 부처님 지위에 오르지 않는다는 뜻.
• 적광토(寂光土) … 적정상주(寂靜常住)인 진리의 지혜에 의하여 비추어 보이는 세계를 말하며, 곧 법신불(法身佛)의 세계를 말한다.
• 칠변(七變) … 여러 가지로 다른 중생의 근기(根機).
• 오승(五乘) … 해탈(解脫)의 과위(果位)를 얻게 하는 불타의 교법을 수레에 비유해서 승(乘)이라고 한다. 여기에 다섯 가지 구별(區別)을 세운 것을 오승(五乘)이라 한다. 오승(五乘)에는 인승(人乘), 천승(天乘), 성문승(聲聞乘), 연각승(緣覺乘), 보살승(菩薩乘) 등이 있다.

팔 공 산 은 해 사

八公山銀海寺

경상북도 영천군 청통면 신월리(대한불교 조계종 제10교구 본산)

신라 제41대 헌덕왕 초년(809)에 혜철국사(惠哲國師)가 해안평(海眼坪)에 창건한 절로서 처음에는 해안사(海眼寺)라고 불렀다.

그 뒤 고려 제24대 원종왕 11년(1270)에 홍진국사(弘眞國師)가 중창하였고, 다시 조선 제13대 명종 1년(1546)에 천교(天敎)가 지금의 자리로 절을 옮기면서 법당을 새로 지었다.

그때 법당과 비석을 건립하고 인종(조선 제12대 왕)의 태실(胎室)을 봉하고 절 이름도 은해사(銀海寺)로 고쳐 부르게 되었다.

이 절은 오랜 세월 거듭되는 여러 번의 실화로 사지(寺誌)를 비롯하여 많은 문화재가 모두 타 버려서 큰 절인데도 문화재가 없는 편이다.

6.25사변 때는 국민방위군 사건의 악명 높은 대참극의 본거지가 되기도 해서 그 이름이 귀에 많이 익은 절이다.

大雄殿 대웅전

佛身普遍十方中 불신보변시방중
三世如來一切同 삼세여래일체동
廣大願雲恒不盡 광대원운항부진
汪洋覺海眇難窮 왕양각해묘난궁

부처님은 우주에 가득하시니
삼세의 모든 부처님 다르지 않네.
광대무변한 원력 다함이 없어
넓고 넓은 깨달음의 세계 헤아릴 수 없네.

㊟ 부처님의 무한한 능력과 원과 자비심을 찬양한 글.
• 원(願) … 중생을 구제하려는 부처님의 마음.
• 왕양(汪洋) … 넓고 넓은 바다.
• 각해(覺海) … 깨달음의 바다.

尋劒堂 심검당

學道如初不變心 학도여초불변심
千魔萬難愈惺惺 천마만난유성성
直頙敲出虛空髓 직책고출허공수
拔却金剛腦後釘 발각금강뇌후정
突出眼晴全體露 돌출안청전체로
山河大地是空華 산하대지시공화

도를 배우려는 뜻 처음과 같이 변함없고
천 만가지 어려움도 깨닫고 깨달았네.
곧바로 허공을 두들려 골수(骨髓)를 내고
뇌 뒤에 꽂힌 금강창(金剛槍)을 뽑아버리니
돌연히 눈앞에 나타난 우주 전체
산하대지(山河大地)가 바로 공화(空華)인 것을.

㊟ 미혹했던 모든 망상을 버리고 깨달음의 세계에 들어가니 눈앞에 나타난
온 세상이 바로 공(空)이라는 것을 알게 되었다는 내용의 게송.
•공화(空華) … 공중의 허망한 꽃. 제상(諸相)의 실체가 망심(忘心)이라
고 하여 실체가 없는 것에 비유.
•수(髓) … 골수(骨髓).
•공화(空華) … 깨달음의 밝은 세계.

팔 공 산 동 화 사
八公山桐華寺

대구광역시 동구 도학동(대한불교 조계종 제9교구 본산)

493년 극달(極達)이 창건하였으며 그 당시에는 유가사(瑜伽寺)라 하였다. 그 뒤 신라 제42대 흥덕왕 7년에 왕사(王師) 심지(心地)가 중창하였는데 그때가 겨울철인데도 절 주변에 오동나무 꽃이 만발하였으므로 이름을 동화사(桐華寺)라 고쳐 부르게 되었다고 한다.

임진왜란 당시 사명대사(泗溟大師)가 이 절을 승병 사령부로 삼았으며, 그 후 한때는 영남도총섭(嶺南都總攝)으로서 영남 일대의 사찰을 관할하던 때도 있었다. 그러므로 이 절의 규모도 지금보다 훨씬 컸을 것으로 추정된다.

擁護門 옹호문

擁護聖衆滿虛空	옹호성중만허공
都在毫光一道中	도재호광일도중
信受佛語常擁護	신수불어상옹호
奉行經典永流通	봉행경전영유통

(글・神衆作法 歌詠)

허공을 가득 메운 옹호성중(擁護聖衆)이여
모두가 부처님의 지혜의 도리 중에 있도다.
부처님의 말씀 잘 간직하며 늘 옹호(擁護)하고
경전(經典)을 받들어서 길이 유통(流通)케 하네.

㊟ • 옹호(擁護) … 중생과 불법(佛法)을 돕거나 감싸서 지키는 일.
  • 호광(毫光) … 백호광(白毫光). 부처님의 두 눈썹 사이에 있는 희고 빛나는 가는 터럭에서 나오는 밝은 빛. 부처님의 80종호(種好)를 말하며 부처님의 위신력을 상징함.
  • 일도(一道) … 불도(佛道)를 말함. 보리(菩提)・불과(佛果)에 이르는 유일의 깨끗한 길.

大雄殿 대웅전

天上天下無如佛	천상천하무여불
十方世界亦無比	시방세계역무비
世間所有我盡見	세간소유아진견
一切無有如佛者	일체무유여불자

〈글·高聲念佛〉

천상 천하 어디에도 부처님같이 존귀한 분 안 계시고
시방 세계를 다 둘러봐도 역시 비교될 만한 분 없도다.
세간에 있는 것들 내가 다 보았어도
모두가 부처님같이 존귀한 분 없도다.

㈜ 부처님을 찬탄하는 게송.
• 시방세계(十方世界) … 온 천지.

降生院 강생원

莫逐有緣勿住空忍	막축유연물주공인
一種平懷泯然自盡	일종평회민연자진
止動歸止止更彌動	지동귀지지갱미동
一種不通兩處失功	일종불통양처실공

(글·三祖 僧璨)

인연을 좇지도 말고 공(空)에도 빠지지 말라.
하나에만 집착하면 능히 아무것도 이루지 못하리.
지동(止動)은 지관(止觀)으로 돌아가고 동관(動觀)으로도 두루 통하니
한 가지에 통하지 않으면 양쪽 모두 이루지 못하리라.

㊟ •일종(一種) … 일종자(一種子)의 준말이며, 일생 동안이나 끌어갈 만큼
    의 큰 번뇌의 종자.
   •지(止) … 정(定)의 한 이름. 선정(禪定)의 이명. 움직이는 마음을 고요
    히 하고 쉬는 것. 마음을 한곳에 두고 악을 짓지 않는 것.
   •동(動) … 사대(四大)로 만들어진 물질이 상속(相續)하여 이곳에서 저
    곳으로 옮겨지는 것. 풍대(風大)의 자성(自性)을 말한다.

尋劍堂 심검당

愚人笑我智乃知焉

候柔噢飯困朱卽職

不墮福田不樂生天

本來無物何論一堕

着意用工恩呈庅漢

良由取舍所以不如

良由取捨所以不如 양유취사소이불여
着意用工總是痴漢 착의용공총시치한
本來無物何論一體 본래무물하론일체
不愛福田不樂生天 불애복전불락생천

饑來喫飯困來卽眠 기래끽반곤래즉면
愚人笑我智乃知焉 우인소아지내지언

인연 따라 취하고 버림이란 마음대로 되지 않으니
의도적 일을 꾸미려는 것은 모두 어리석은 자의 짓이네.
본래 한 물건도 없는데 어찌 일체(一體)를 논(論)할손가
복전(福田)을 좋아 말고 하늘나라에 태어나기 즐거워 말라.

배고파 먹고 마시니 곤해서 곧 잠이 오는데
어리석은 사람 나보고 웃는다, 그 뜻 아느냐고.

㊜ • 취사(取舍) … 취사(取捨)와 같음. 취하는 것과 버리는 것.
   • 취(取) … 대하는 경계(境界)에 취착(取着)함을 말하고 애(愛)의 이명
     (異名)이다.
   • 의(意) … 사물(事物)을 사량(思量)하는 것.
   • 여여(如如) … 한결같고 변함이 없다.
   • 용공(用工) … 의도적으로 일을 꾸미는 것.

嶺南瑠營牙門 영남노영아문

古壇松樹半無枝	고단송수반무지
深洞石幢瀨有字	심동석당뢰유자
淸梵消聲閉竹房	청범소성폐죽방
碧紗凝慆開聖像	벽사응도개성상
細艸間香小洞幽	세초간향소동유
踈松影落與壇靜	소송영락여단정

옛 단(壇)가에는 소나무 가지가 성기고
깊은 동굴 속 석당(石幢)에는 글자가 지워졌네.
맑은 범종 소리는 그칠 때 방문 닫히고
푸른 휘장 열고 부처님 뵈오니 기쁘기도 하여라.
애기풀 향기 그윽한 굴 속
소나무 그늘 지니 고요하기만 하여라.

㊤ • 세초(細艸) … 애기풀.

香煙遍覆三千界　향연편복삼천계
寶慧能開八万門　보혜능개팔만문
唯願三寶大慈悲　유원삼보대자비
聞此信香臨法會　문차신향임법회
香醉幽中年代久　향취유중연대구

향 연기 삼천 세계에 널리 퍼지소서
부처님의 밝으신 지혜로 모든 가르침 열어 주소서.
원컨대 삼보의 자비심으로
이 믿음의 향(香) 법회(法會)에 강림하시어
향에 취한 그윽함이 길이 이어가게 하소서.

㈜ ㆍ팔만(八万) … 팔만사천(八万四千)의 준말. 많은 가르침이라는 뜻.

금 정 산 범 어 사

金井山梵魚寺

•

부산광역시 금정구 금정산(대한불교 조계종 제14교구 본산)

동국여지승람에 의하면 '동국(東國)의 남산(南山)에 명산(名山)이 있어
서 그 산정에 높이 50여 척의 거암(巨巖)이 있고, 그 바위 한가운데 샘이
있으며 그 물빛은 금색(金色)이고 물속에는 범천(梵天)의 고기가 놀았다.'
라고 기록되어 있다.

그래서 산 이름을 '금고기가 사는 우물이 있는 산'이라는 뜻으로 금정산
(金井山)이라고 하고 사찰명을 범어사(梵魚寺)라고 하였다.

또 범어사의 역사를 기록한 목판본 범어사 창건사적에 의하면 이 절은
당나라 문종 태화(太和) 19년 신라 흥덕왕 때 창건되었다고 한다.

일찍이 왜인이 10만의 병선을 거느리고 신라를 침략하려 하였으므로
대왕이 근심하고 있는데, 문득 꿈을 꾸니 신인(神人)이 나타나서 의상대
사를 초청해서 화엄신중기도(華嚴神衆祈禱)를 할 것을 권했다.

그런데 동국 해변에 금정산(金井山)이 있어서 그 산정에 높이 50척이나
되는 바위가 솟아 있었다. 그 바위 위에는 우물이 있고 그 우물가는 항상
금색이며 사시사철 언제나 물이 마르지 않고, 범천으로부터 오색 구름을
타고 온 금어(金魚)들이 헤엄치며 놀고 있었다.

그래서 대왕은 의상과 함께 금정산 아래로 가서 7일 동안 화엄신중을
독송했더니, 왜선이 서로 공격해서 모든 병사가 물에 빠져 죽고 살아남은
자가 없었다.

왕이 매우 기뻐하여 의상을 예공대사(銳公大師)로 삼고 범어사(梵魚寺)
를 창건하였다고 한다.

不二門 불이문

神光不昧萬古徽猷 신광불매만고휘유
入此門來莫存知解 입차문래막존지해

신기(神奇)로운 광명이 매(昧)하지 아니하여 만고(萬古)에 아름다운
이 문(門)을 들어오거던 망상(妄想)을 피우지 말라.

㊒ • 신광(神光) … 마음을 가리킴. 인간의 본성은 불매(不昧)하고 아름답다
는 뜻.

조계문

大雄殿　대웅전

摩訶大法王　마하대법왕
無短亦无長　무단역무장
本來非皁白　본래비조백
隨處現靑黃　수처현청황

〔글·拈訟(염송) 야부송〕

거룩하고 위대하신 법왕(法王)은
짧지도 길지도 않으시며
본래 희거나 검지도 않으며
모든 곳에 인연따라 나타나시네.

㊀ • 마하(摩訶) … 뒤에 오는 말을 강조하는 데 쓰이는 접두사이며 '크다,
위대하다'라는 뜻.
• 조(皁) … 검을 조.

天王門 천왕문

帝釋天王慧鑑明 제석천왕혜감명
四洲人事一念知 사주인사일념지
哀愍衆生如赤子 애민중생여적자
是故我今恭敬禮 시고아금공경례

제석천왕(帝釋天王)의 지혜는 밝고 밝으셔서
온 세상의 일을 일념(一念)으로 모두 아시네.
중생을 친자식처럼 애처롭게 생각하심이여
그래서 나는 이렇게 공경(恭敬)하고 예(禮) 올립니다.

㈜ • 제석천왕(帝釋天王) … 제석천을 다스리는 임금.
 • 사주(四洲) … 사대주(四大洲). 즉 온 천지.
 • 일념(一念) … 한결같이 끊임없는 생각.
 • 적자(赤子) … 친자식, 갓난아이.

재 악 산 운 암 사

宰嶽山雲巖寺

경북 문경군 호서남면 재악산에 있는 신라 고찰(직지사의 말사)

이 절은 신라 문무왕 16년(676)에 의상조사가 창건한 유서 깊은 절이다. 조선 선조 25년(1592) 왜란으로 불타 버렸다.

그 뒤 효종 9년(1658) 영준(靈俊)스님이 요사(寮舍)를 짓고 현종 6년(1782)에 해특(海特)스님이 법당을 중건하였다.

다시 3년 뒤 현종 9년(1785)에 월인(月印)스님이 삼건(三建)을 하여 지금의 낡은 건물들을 지었다.

문경(聞慶)에서 서울로 가는 도중 이화령을 넘기 전에 국도에서 좌측으로 꺾으면 겨우 차 한 대 다닐 만한 오솔길이 있다. 따라 깎아지른 가파른 길을 약 4~5Km 올라가면 험준한 재악산(宰嶽山) 중턱 넓은 공터에 육중한 고찰이 자리잡고 있다.

조령산맥 남단에 자리잡은 이 절은 규모는 작으나 신라 고찰다운 엄숙함과 주변의 아름다운 경관과 맑은 물이 어느 절보다 뛰어나고 운치가 있다. 국도에서 멀지 않는 곳에 있으면서도 태고의 정적을 간직하고 있는 이 절은 찾는 사람에게 깊은 인상을 심어준다.

極樂殿 극락전

極樂堂前滿月容　극락당전만월용
玉毫金色照虛空　옥호금색조허공
若人一念稱名號　약인일념칭명호
頃刻圓成无量功　경각원성무량공

(高聲念佛)

극락당 앞에 만월 같은 모습
옥호(玉毫)와 금색(金色)은 허공을 비추는구나.
만일 사람들이 일념으로 부처님의 명호를 부른다면
경각에 한량없이 큰 공덕을 이루리라.

㊀ 아미타불의 한량없는 공덕을 찬탄하는 동시에 염불의 중요성을 강조한
게송임.
  • 옥호(玉毫) …32상의 하나. 부처님 두 눈썹 사이에 있는 희고 빛나는
    가는 터럭.
  • 금색(金色) … 32상의 하나. 부처님 몸에서 발하는 금색.
  • 극락당(極樂堂) … 아미타불을 주불로 모신 사찰의 전각.
  • 일념(一念) … 전심(專心)으로 염불하는 일.
  • 명호(名號) … 부처님과 보살의 이름.
  • 경각(頃刻) … 아주 짧은 시간.
  • 원성(圓成) … 원만하게 성취하는 것.

三聖閣 삼성각

靈通廣大慧鑑明 　영통광대혜감명
住在空中映無方 　주재공중영무방
羅列碧天臨刹土 　나열벽천임찰토
周天人世壽算長 　주천인세수산장

영통(靈通)한 넓고 큰 지혜는 거울같이 밝아서
공중에 계시며 비치지 않는 곳 없네.
자비로운 푸른 하늘을 국토에 임하게 하고
하늘과 속세의 사람들 수명을 오래 늘려 주시네.

㈜ • 찰토(刹土) ··· 국토(國土).
　• 감(鑑) ··· 거울 감.
　• 산장(算長) ··· 길게 늘린다.
　• 영통(靈通) ··· 영감이 있어 서로 신묘하게 통함.
　• 나열(羅列) ··· 나란히 열을 지음.

雲巖沙門 운암사문

眾生無邊誓願度　중생무변서원도
煩惱無盡誓願斷　번뇌무진서원단
法門無量誓願學　법문무량서원학
佛道無上誓願成　불도무상서원성

(글 · 四弘誓願)

가없는 중생을 기어이 건지리다
끝없는 번뇌를 기어이 끊으리다
한없는 법문을 기어이 배우리다
위없는 불도를 기어이 이루리다

㊟ 위는 「사홍서원」으로 잘 아려진 게송이다.
모든 불보살은 이 네 가지 큰 서원을 항상 가슴에 품고 계신다.

安養門 안양문

佛身充滿於法界 불신충만어법계
普現一切衆生前 보현일체중생전

부처님은 온 법계에 항상 계시고
모든 중생 앞에 그 모습 드러내시네.

圓覺山中生一樹 원각산중생일수
開花天地未分前 개화천지미분전
非青非白亦非黑 비청비백역비흑
不在春風不在天 부재춘풍부재천

원각산(圓覺山) 속에 나무 한 그루 있어
천지창조 이전에 꽃이 피었다네.
그 꽃은 푸르지도 않고 희지도 않고 검지도 않으며
봄바람도 하늘도 간여할 수 없다네.

㊀ 천지가 분화하기 이전부터 천지가 창조되기 전 원각산에는 한 물건이
있었는데, 그것은 희지도 검지도 않으며 어떤 것에도 간섭받지 않는다.
그것이 무엇일까?
• 원각(圓覺) … 석가여래의 원만한 깨달음.

희 양 산 봉 암 사

曦陽山鳳巖寺

경상북도 문경군 가은면 원복리(대한불교 조계종 제8교구 직지사 말사)

신라 헌강왕 5년(879) 당나라에서 귀국한 지선선사(智詵禪師)가 창건한 이래 현재까지 선도장(禪道場)으로 일관해 온 선찰(禪刹)이다.

현재 이 절의 당우(堂宇)는 신라 시대의 건물인 극락전(極樂殿)과 요사(寮舍) 이외에는 모두 근년에 지은 건물들이다.

이 절을 찾는 사람이면 누구라도 뒤에 솟은 희양산(曦陽山)의 웅장한 모습에 감탄을 할 것이다.

푸른 하늘 울창한 숲 뒤로 솟은 거대한 바위산은 볼수록 신비롭고 위압감마저 느끼게 한다.

이 산정에는 40Cm 정도의 벼랑을 이룬 양 봉우리에 깊은 골이 각각 5줄씩 파여 있는데 이는 명나라의 장수 이여송(李如松)이 조선의 흥기(興氣)를 막기 위해 혈도(穴道)를 자른 것이라고 한다.

또 산봉우리에 용바위에서는 날이 가물면 기우제를 지내는데 특이한 것은 삶은 돼지머리로 지내지 않고 돼지를 몰고 올라가서 바위 위에서 목을 찔러 피를 흘리게 하여 기우제를 지낸다고 한다.

이는 용이 용바위에 피가 묻는 것이 싫어서 비를 내려 피를 씻어낸다고 믿고 있기 때문이라고 한다.

경내의 여러 당우에는 현판(懸板)이나 주련(柱聯)이 붙어 있지 않다. 이는 불립문자(不立文字) 직지인심(直指人心)을 표방하는 선도장(禪道場)이기 때문이라고 생각된다.

大雄殿 대웅전

天上天下無如佛 천상천하무여불
十方世界亦無比 시방세계역무비
世間所有我盡見 세간소유아진견
一切無有如佛者 일체무유여불자

(글·高聲念佛)

천상과 천하 어디에도 부처님같이 존귀한 분 안 계시고
시방 세계를 다 둘러봐도 역시 비교될 만한 분 없도다.
세간에 있는 것들 모두를 내가 다 보았어도
모두가 부처님같이 존귀한 분 없도다.

㈜ 부처님을 찬탄하는 게송.
• 시방세계(十方世界) … 온 천지.
• 세간(世間) … 중생이 서로 의지하며 사는 세상.
• 소유(所有) … 있는 것.
• 불자(佛者) … 부처님.

천 주 산 북 장 사
天柱山北長寺

경상북도 상주군 내서면 북장리(조계종 제8교구 직지사 말사)

신라 흥덕왕(興德王) 8년(833) 진감국사(眞鑑國師)가 창건한 고찰이다.

그러나 당시의 건물은 임진왜란 때 모두 소실되었고 그 후 조선 인조 (仁祖) 2년(1624) 우리 나라에 온 중국의 승려 10여 명이 중건하였다.

그리하여 많은 승도들이 모여들어 중국 스님들과 함께 수행을 하였다.

그런데 그 당우도 효종 1년(1650)에 일어난 화재로 모두 소실되었고, 현재의 당우는 서묵(瑞默)·충운(忠雲)·진일(眞一) 스님들이 힘을 모아 다시 중건한 것들이다.

산 이름을 천주산(天柱山)이라고 하게 된 연유는, 산 위에 수미굴(須彌窟)이라는 동굴이 있고 그 동굴 가운데 저절로 생긴 돌기둥이 있는데, 아래는 좁고 위는 넓어서 마치 하늘을 받친 기둥처럼 보일 뿐만 아니라, 고태스럽고 괴이한 모습으로 입을 벌리고 서서 구름과 안개를 마음대로 마시기도 하고 토하기도 하기 때문에 '하늘을 받치는 기둥이 있는 산'이라는 뜻으로 천주산(天柱山)이라고 이름하였다 한다.

이와 같은 이름도 오래도록 모르고 있었는데 옛절터의 기왓장에서 천주산이라는 명문(銘文)이 출토되어서 예로부터 천주산이라는 것을 알게 되었다고 한다.

차 한 대가 겨우 지나갈 만한 길을 따라 절 경내에 들어서면 아무리 더운 여름이라도 서늘한 바람이 불어와서 더위를 잊게 한다.

三聖閣 삼성각

千雲萬水間　천운만수간
中有一閒士　중유일한사
白日遊青山　백일유청산
夜歸巖下睡　야귀암하수

(글・寒山 스님)

천 조각 구름 만 갈래 물 사이
그 가운데 사는 한가한 한 선비 있어
낮에는 청산(青山)을 거닐며 놀고
밤이면 돌아와 바위 밑에서 잠자도다

㈜ 속세를 버리고 산속에 묻혀 불도(佛道)를 닦으며 세상 번뇌 다 버리고
한가하게 사는 도인의 여유로움을 노래한 寒山스님의 시.
・한사(閒士) … 한가한 사람. 불도를 닦는 도인.
・백일(白日) … 대낮.

노 악 산 남 장 사
露嶽山南長寺

•

경상북도 상주군 내서면 남장리(대한불교 조계종 8교구 직지사의 말사)

신라 흥덕왕 7년(832) 진감국사(眞鑑國師)가 창건한 신라 고찰이며 창건 당시에는 장백사(長柏寺)라고 했는데, 명종 16년(1186) 각원화상(覺圓和尙)이 현재 장소로 옮겨 지으며 남장사(南長寺)라 부르게 되었다.

임진왜란 때 모두 소실된 당우를 그 후 인조 13년에 정수선사(正修禪師)가 다시 당우를 지어 오늘에 이르렀다.

이 절에는 지정 문화재는 없으나 후불목각 탱화가 유명하고 보광전의 철조 비로자나불은 조형미가 뛰어날 뿐만 아니라 수인(手印)이 다른 절의 비로자나불과 달라서 유명하다.

절 주변의 계곡은 별로 깊지 않으나 이 절 입구에 있는 장승은 그 인상이 매우 독특하고 재미있어서 볼수록 정감이 가는 귀중한 유물이다.

普光殿　보광전

보광전

萬里無雲万里天

千江有水千江月

洛身淸淨廣無邊

報化非眞了妄緣

報化非眞了妄緣　　보화비진료망연
法身淸淨廣無邊　　법신청정광무변
千江有水千江月　　천강유수천강월
萬里無雲萬里天　　만리무운만리천

〈글·高聲念佛〉

보신(報身)과 화신(化身)이 참이 아닌 망연된 인연(因緣)인줄
요달(了達)하면
청정한 법신은 가이없이 넓고 넓네.
천 갈래 강물에 물이 있다면 천강마다 달이 떠오르고
만 리 하늘에 구름이 없다면 청청 하늘은 만 리에 뻗네.

㊀ 보신불이나 화신불만이 우리와 인연이 있는 부처님이 아니라 청정한 법
신은 이 우주 어느 곳에도 가득해서 우리가 항상 접할 수 있는 곳에 계
신다는 것을 깨우쳐 준 게송.
　• 보화(報化) … 보신불(報身佛)과 화신불(化身佛).
　• 요(了) … 요달(了達). 완전히 통달하고 이해하는 것.

남장사 석장승
이 장승은 자연석의 원형을 잘 살려서 다듬
은 왼쪽 배가 얼굴에 치켜올라간 왕방울 눈
과 비뚤어진 주먹코, 야무지게 다문 입에 선
각(線刻)한 송곳니, 옷주름같이 그려진 수염
등은 성난 표정을 표현하려고 하였지만, 오
히려 소박한 인자함과 천진스러움을 풍기는
걸작품이다. 순조 32년(1832)에 만든 것으
로 추정.

사 불 산 대 승 사
四佛山大乘寺

·

경상북도 문경군 사북면 전두리(대한불교 조계종 제8교구 직지사 말사)

신라 진평왕 9년(587) 망명비구(亡名比丘)가 창설한 절이다.

사불산 산마루에는 지금도 한 사면석불상(四面石佛像)이 있는데 이 석불은 진평왕 9년(587) 붉은 비단에 싸여 하늘에서 떨어졌다고 한다.

그래서 이 소문을 듣고 진평왕이 직접 이곳에 와서 불공을 드린 후 이 바위 옆에 절을 창건하고 망명비구(亡名比丘)를 청하여 절을 맡기고 사면석불에게 공양을 올리게 하였다고 한다.

망명비구는 음양도술(陰陽道術)에도 능한 도승으로서 상주(尙州) 지방을 떠도는 스님인데, 어느 신도가 자기 부모의 혼을 천도하려고 고승을 부르는 자리에 함께 초빙해서 하룻밤을 신도 집에 묵게 되었다.

그런데 캄캄한 밤에 자고 있는 망명비구의 입에서 이상한 빛이 일어나므로 사람들이 놀라 그에게 까닭을 물으니 "평소 수신(修身)과 수행(修行)을 위해서 늘 법화경(法華經)을 외우고 있을 뿐이다."라고 말하였다.

사람들은 이 말을 듣고 더욱 놀라 그 뒤로 많은 사람들이 법화경을 독송하게 되었다고 한다.

법화경을 외운 탓인지 망명비구가 죽고 난 뒤 그의 무덤에서 한 쌍의 연꽃이 피어났다는 이야기가 전해지고 있다.

대승사(大乘寺)는 사람들에게 널리 알려진 절이 아니므로 찾는 사람들의 수가 적지만, 옛모습 그대로 간직한 고색창연한 모습은 큰 감명을 안겨 주는 엄숙한 신라 고찰이다.

바로 옆에 있는 윤필암(潤筆庵)은 비구니의 수도 도량으로서 이름난 곳이다.

大雄殿 대웅전

楊柳稍頭甘露灑　양류초두감로쇄
蓮華香裏碧波寒　연화향리벽파한
七寶池中漂玉子　칠보지중표옥자
九龍口裡浴金仙　구룡구리욕금선

버들로 머리 감고 감로(甘露)를 뿌리고
연꽃 향기 속에 푸른파도가 서늘하네.
칠보 연못에 옥동자를 띄우고
아홉 용이 입으로 금선(金仙)을 목욕시키네.

㈜ • 감로(甘露) … 하늘에서 내리는 단 이슬, 천신(天神)들의 음료. 부처님
의 교법이 중생들을 잘 제도함을 비유. 칠보지(七寶池). 칠보(七寶)가
가득 있는 연못.
• 금선(金仙) … 부처님을 금빛 신선이라고 말함.

冥府殿 명부전

地藏大聖威神力　지장대성위신력
恒河沙劫說難盡　항하사겁설난진
見聞瞻禮一念間　견문첨례일념간
利益人天無量事　이익인천무량사

(글 · 黃葉普渡門)

지장보살님의 위신력이여
억 겁을 두고 설명해도 다하기 어렵나니
보고 듣고 예배하는 잠깐 사이에
인천(人天)에 이익된 일 무량하여라.

㈜ 지장보살을 찬탄하고 지장보살을 예경하면 모든 사람들에게 한량없는
　이익이 온다는 것을 깨우쳐 주는 게송.
　• 항하사(恒河沙) … 한량없이 많은 수.
　• 겁(劫) … 무한히 긴 시간의 단위 .

無名閣 무명각

墨池水滴曇花雨
翠竹黃河皆佛性

淸聲聲傳貝葉風
淸池皓月照禪心

煙霞淸靜塵無跡
意靜不隨流水動

水月空雲性自明
心閑還笑白雲忙

墨池水滴曇花雨　묵지수적담화우
清磬聲傳貝葉風　청경성전구엽풍
煙霞清靜塵無跡　연하청정진무적
水月空虛性自明　수월공허성자명

翠竹黃河皆佛性　취죽황하개불성
清池皓月照禪心　청지호월조선심
意靜不隨流水動　의정불수류수동
心閑還笑白雲忙　심한환소백운망

묵지(墨池)에 연적(硯滴) 담그니 구름은 꽃비를 뿌리고
맑은 경(磬) 소리 바람 타고 다라수(多羅樹) 나뭇잎에 전하네.
산수(山水)의 경치는 맑고 맑아 티끌 흔적 전혀 없고
수월(水月)이 공허하니 성품(性品)은 저절로 밝도다.

푸른 대 맑은 강 모두가 부처님의 성품이요
맑은 못에 비친 밝은 달은 선승(禪僧)의 마음일세.
뜻은 고요해서 흐르는 물 따르지 않고
마음 한가로와 흰구름이 웃음 전해 주네.

㋨ •묵지(墨池) … 붓과 벼루를 씻는 연못.
　•수적(水滴) … ① 물방울. ② 연적(硯滴).
　•담(曇) … 구름낄 담.
　•경(磬) … 돌로 만든 타악기.
　•연하(煙霞) … 산수의 경치.
　•수월(水月) … ① 눈에는 보이나 손으로는 잡을 수 없는 것. ② 현실과
　이상이 잘 조화된 것.
　•취죽(翠竹) … 푸른 대나무.
　•황하(黃河) … 큰 강.
　•호월(皓月) … 밝은 달.
　•선심(禪心) … 선승(禪僧)의 마음.
　•패엽(貝葉) … 다라수(多羅樹) 나뭇잎(종이가 없던 시절에는 종이 대신
　에 여기에 경을 적었다).

極樂殿 극락전

극락전

極樂堂前滿月容
玉毫金色照虛空
若人一念稱名號
頃刻圓成無量功

極樂堂前滿月容　극락당전만월용
玉毫金色照虛空　옥호금색조허공
若人一念稱名號　약인일념칭명호
頃刻圓成无量功　경각원성무량공

(高聲念佛)

극락당(極樂堂) 앞에 만월(滿月) 같은 아미타불 얼굴
옥호(玉毫)와 금빛 얼굴은 허공을 비추는구나.
만일 사람들이 일념으로 부처님의 명호(名號)를 부른다면
잠깐 동안에 한량없는 큰 공덕을 이루리라.

㈜ 아미타불의 한량없는 공덕을 찬탄하는 동시에 염불의 중요성을 강조한 게송.
- 옥호(玉毫)…옥호, 32상(相)의 하나. 부처님 두 눈썹 사이에 있는 희고 빛나는 가는 터럭.
- 금색(金色)…32상의 하나. 부처님 몸에서 발하는 금색.
- 극락당(極樂堂)…아미타불을 주불(主佛)로 모신 사찰의 전각.
- 일념(一念)…전심(專心)으로 염불하는 일.
- 명호(名號)…명호, 부처님과 보살의 이름.
- 경각(頃刻)…경각, 아주 짧은 시간.
- 원성(圓成)…원성, 원만하게 성취하는 것.

應眞殿 응진전

응진전

觀音竹繞菩提路

羅漢松圍殿若臺

立絶俗塵憑慧劍

先超苦海有慈航

春水淨如僧眼碧
遠山濃似佛頭青
萬壑松聲驚鶴夢
一簾月色映禪心
法雨慈雲沾聖澤
松風水月見精華

觀音竹繞菩提路	관음죽요보리로
羅漢松圍般若臺	나한송위반야대
立絶俗塵憑慧劍	입절속진빙혜검
先超苦海有慈航	선초고해유자항
春水淨如僧眼碧	춘수정여승안벽
遠山濃似佛頭青	원산농사불두청
萬壑松聲驚鶴夢	만학송성경학몽
一簾月色映禪心	일렴월색영선심
法雨慈雲沾如澤	법우자운첨여택
松風水月見精華	송풍수월견정화

관음(觀音)은 대나무로 둘러싸인 보리로(菩提路)에 계시고
나한(羅漢)은 소나무에 둘러싸인 반야당(般若堂)에 계시며
세속의 번뇌망상 지혜(智慧)의 검(劍)으로 모두 끊고
모든 중생을 고해(苦海)에서 자비(慈悲)롭게 구하시네.

봄 개울물 스님의 푸른 눈같이 맑고
먼 산 경치는 부처님의 푸른 머리처럼 짙도다.
산골 솔바람 소리에 잠자던 학 꿈을 깨고
주렴에 어린 달빛 선승 마음을 밝혀 주네.
부처님의 한량없는 자비 연못의 물처럼 중생을 적셔 주고
솔바람과 물에 비친 달 속에도 사물의 정수(精髓)가 깃들어 있네.

㈜ • 요(繞) ⋯ 두를 요, 얽힐 요, 둘러싸일 요.
• 속진(俗塵) ⋯ 속세의 먼지, 즉 세속의 번뇌망상.
• 빙(憑) ⋯ 기댈 빙.
• 고해(苦海) ⋯ 중생이 살고 있는 세계.
• 자항(慈航) ⋯ 부처님이 중생을 자비심으로 구제하는 것.
• 만학(萬壑) ⋯ 많은 산 구릉과 골짜기.
• 선심(禪心) ⋯ 선승(禪僧)의 마음.
• 법우(法雨) ⋯ 중생을 교화하여 덕화(德化)함을 비에 비유한 말.
• 자운(慈雲) ⋯ 구름이 온 하늘을 덮듯이 은혜가 널리 미침을 이루는 것.
• 수월(水月) ⋯ 눈에는 보이나 손으로는 잡을 수 없는 것. 현실(現實)과 이상(理想)이 잘 조화된 것.
• 정화(精華) ⋯ 사물의 가장 뛰어나고 순수한 부분.

心持半偈萬緣室

再立上方諸品釋

一塵不染諸禪心

窮法皆究明佛性

清池皓月照禪心

片不孤雲窺色相

圓慕經文于自書

蓮華法藏心相憶

萬法皆空明佛性　만법개공명불성
一塵不染證禪心　일진불염증선심
身在上方諸品靜　신재상방제품정
心持半偈萬緣空　심지반게만연공
蓮花法藏心相悟　연화법장심상오
貝葉經文手自書　패엽경문수자서
片石孤雲窺色相　편석고운규색상
清池皓月照禪心　청지호월조선심

만법(萬法)은 불성(佛性)과 더불어 밝고
티끌 하나도 선심(禪心)을 더럽히지 못하네.
몸 산사(山寺)에 있으니 모든 성품 고요하고
마음 편하게 가지니 만 가지 인연이 공(空)이로다.
연꽃과 같이 활짝 핀 불심(佛心)으로 깨달음 얻고
패엽경(貝葉經)의 글을 내 손으로 쓰니
가난한 승려 모든 이치 가만히 엿보니
맑은 못에 밝은 달 선승(禪僧)의 마음에 맑게 비치네.

㊟ • 만법(萬法) … 우주간의 모든 존재.
　• 불성(佛性) … 부처님의 성품, 중생이 부처가 될 가능성.
　• 상방(上方) … 산 위의 절, 산사(山寺).
　• 법장(法藏) … 불법(佛法)을 실천함으로써 얻는 공덕.
　• 심상(心相) … 마음을 쓰는 태도, 마음씨.
　• 패엽경(貝葉經)…패다라수(貝多羅樹) 잎에 바늘로 새긴 불경. 종이가
　　없던 시절 종이 대신 나뭇잎을 사용했는데, 주로 다라수(多羅樹)라는
　　활엽수 잎을 사용했다. 그 나뭇잎에 적은 불경을 패엽경(貝葉經)이라
　　고 한다.
　• 고운(孤雲) … 가난한 선비를 가리킴.
　• 규(窺) … 남모르게 엿봄.
　• 색상(色相) … 육안으로 볼 수 있는 모든 물질의 현상.

대승사 일주문

대승사 대웅전

두 류 산 금 룡 사

頭流山金龍寺

•

대구광역시 달서구 두류동 두류산 공원 소재

대구 시민의 휴식 공간인 공원 가운데 자리잡은 이 절은 지은 지 약 90(1904년 창건)년 정도인 새로운 절이지만, 그 규모나 짜임새가 어느 고찰 못지 않게 잘 정돈되어 있는 운치 있는 비구니 처소의 사찰이다.

구전되어 오는 전설에 의하면 고려 시대부터 이곳에 절이 있었다고 한다. 그때 큰 부호가 이 지방에 많은 씨족을 거느리고 살았는데 그들의 씨족을 위한 절을 지어 전래되어 오다가 이조 시대에 폐사가 되었다고 한다.

그러자 그 절터에 유생들이 공자묘를 짓는다는 명분으로 절을 복원 못하게 하자 한 도승의 도술로 그 절터를 연못으로 만들어 버렸다고 한다.

금룡사(金龍寺) 창건주인 본심(本心) 스님은 그런 전설을 듣고 옛절터에 절을 짓고 사명(寺名)을 금룡사로 했는데 이는 금봉(金鳳)이 못이 생긴 후 화룡(化龍)이 되었다는 풍수설(風水說)에 의해서 금룡사라고 했다 한다.

고찰들은 모두 산속에 있어서 일반 사람이 쉽게 찾기 어렵지만 금룡사는 대구 시민과 가장 가까운 도시 한복판 공원 안에 자리잡고 있으므로 수시로 많은 사람들이 출입하면서 불도를 닦는 마음의 도량이 되고 있다.

大雄殿 대웅전

一切無有如佛者
世間所有我盡見
十方世界亦無比
天上天下無如佛

天上天下無如佛 천상천하무여불
十方世界亦無比 시방세계역무비
世間所有我盡見 세간소유아진견
一切無有如佛者 일체무유여불자

(글·高聲念佛)

천상 천하 어디에도 부처님같이 존귀한 분 안 계시고
시방세계를 다 둘러봐도 역시 비교될 만한 분 없도다.
세간에 있는 것들 내가 다 보았어도
모두가 부처님같이 존귀한 분 없도다.

㈜ 부처님을 찬탄하는 게송.
 • 시방세계(十方世界) … 온 천지.

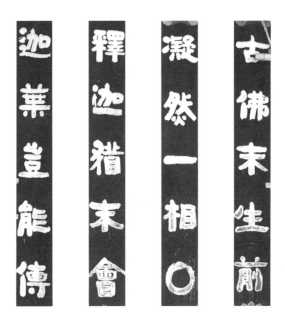

古佛未生前　고불미생전
凝然一相○　응연일상원
釋迦猶未會　석가유미회
迦葉豈能傳　가엽기능전

(西山大師)

옛 부처님 나시기 전
한 모양 둥글었네.
석가께서도 오히려 맞추지 못했거던
가섭(迦葉)이 어찌 능이 전할손가.

㈜ 우주의 원초적 진리는 응연해서 천지가 개벽되고 우주가 시작되던 그 이전부터도 확연히 존재하고 있었다. 그 둥근 모양은 너무나 심오해서 석가도 처음에는 가히 알 수 없었던 것인데 하물며 가섭이 어찌 전할 수 있겠는가. 그러한 진리를 모든 나한들은 수행으로 익혀서 깨달은 것이다.

• 일상(一相) … 차별도 대립도 없는 절대 평등의 진여(眞如)의 상(相).

- 응연(凝然) … 불변하는 모양. 아무런 작용을 하지 않고 가만히 있는 것.
- 회(會) … 맞출 회.

佛身普遍十方中	불신보변시방중
三世如來一切同	삼세여래일절동
廣大願雲恒不盡	광대원운항부진
汪洋覺海妙難窮	왕양각해묘난궁

(글·高聲念佛)

부처님은 우주에 가득하시니
삼세의 모든 부처님 다르지 않네.
광대무변한 원력 다함이 없어
넓고 넓은 깨달음의 세계 헤아릴 수 없네.

㊟ 부처님의 무한한 능력과 원과 자비심을 찬양한 글.
- 원(願) … 중생을 구제하려는 부처님의 마음.
- 왕양(汪洋) … 넓고 넓은 바다.
- 각해(覺海) … 깨달음의 바다.

오 대 산 월 정 사
五臺山月精寺

강원도 평창군 진부면 동산리(대한불교 조계종 제4교구 본산)

· 신라 선덕여왕 12년(643)에 자장율사(慈藏律師)가 창건한 유서 깊은 고찰이다.

자장율사는 선덕여왕의 친척인 무림공(武林公)의 이남인데 일찍 출가하여 불법(佛法)을 닦다가 구도수도(求道修道)하러 당나라에 갔다.

공부를 마치고 돌아올 때 석존(釋尊)의 진신사리(眞身舍利)와 장경(藏經) 일부를 갖고 와서 양산통도사를 짓고 선덕여왕 12년(643) 오대산 비로봉(毘盧峰)에 진신사리를 봉안할 적멸보궁(寂滅寶宮)을 지었다. 그리고 동시에 동태(東台) 월하산(月下山) 밑에 월정사(月精寺)를 지었다.

오대산은 남으로 뻗어 태백산맥의 중추를 이루는 명산이며, 오대산에는 주봉인 비로봉 1563m를 비롯하여 호령봉 虎嶺峰(1560m), 두로봉 頭老峰(1422m), 동태봉 東台峰(1434m), 상왕봉 上王峰(1422m)의 다섯 봉우리가 장관을 이루고 있다.

오대산(五臺山)이라는 이름은 그 산세가 당나라의 오대산(五台山)과 너무 흡사한 데서 붙인 이름이라고 한다.

오대산 일대에는 하늘을 찌를 듯한 전나무와 여러 가지 침엽수의 원시림이 장엄한 산세와 어울려 엄숙한 느낌마저 주고 있다.

뿐만 아니고 계곡을 흐르는 맑은 물과 이름도 모르는 많은 고산 식물들은 월정사(月精寺)를 찾는 사람들의 마음을 사로잡고도 남음이 있다.

大雄殿 대웅전

南無大方廣佛華嚴經 나무대방광불화엄경
萬代輪王三界主 만대윤왕삼계주
雙林示滅幾千秋 쌍림시멸기천추
眞身舍利今猶在 진신사리금유재
普化群生禮不休 보화군생예불휴
南無實相妙法蓮花經 나무실상묘법연화경

대방광불화엄경
만대의 윤왕(輪王)이요 삼계의 주인이신 석가모니 부처님
그 얼마나 이 세상을 잘 지켜 주셨던가.
부처님의 진신사리(眞身舍利) 아직도 계시니
교화받은 많은 중생 끊임없이 예배 드리네.
나무실상묘법연화경

㊟ • 윤왕(輪王) … 윤보(輪寶)를 굴리면서 세계를 통치하는 전륜성왕(轉輪
聖王)의 약칭. 전륜성왕(轉輪聖王)이란 칠보(七寶)를 가지고 사덕, 즉
장수, 무번민, 미모, 부귀를 갖추었으며 정법(正法)으로 수미사주의 전
세계를 통솔한다고 생각되는 신화적 이상적인 왕 .
• 천추(千秋) … 한량없이 긴 세월.

계 룡 산 동 학 사

鷄龍山東鶴寺

충남 공주군 반포면 학봉리(대한불교 조계종 제6교구 마곡사의 말사)

신라 선덕여왕 23년(724) 상원(上願)이 암자를 지었던 곳에 회의(懷義)가 절을 창건하여 상원사(上願寺)라 하였는데, 태조 4년(921)에 도선(道詵)이 중창하여 태조(太祖)의 원당(願堂)이 되었다.

963년 신라가 망하자 대승관(大丞官) 유차달(柳車達)이 이 절에 와서 신라의 시조와 충신들의 초혼제(招魂祭)를 지내기 위해 동학사(東學祠)를 짓고 절 이름도 동학사(東學寺)라고 바꾸었다.

그러나 이 절의 동쪽에 학 모양을 한 바위가 있으므로 동학사라는 설과 고려의 충신이자 동방이학(東方理學)에 조종조종인 정몽주(鄭夢周)를 이 절에서 제향(祭香)하였으므로 동학사라고 하였다는 설도 있다.

1394년에는 고려의 유신(遺臣) 길재(吉再)가 동학사의 승려 운선(雲禪)과 함께 단을 쌓아 고려 태조(太祖)를 비롯한 충정왕(고려 30대 왕) 공민왕(고려 31대 왕)과 정몽주의 제사를 지냈고, 1457년(세조 3년)에는 김시습(金時習)이 동학사에서 사육신의 초혼제를 지냈고, 1458년에는 세조가 동학사에 와서 단종을 비롯하여 정순왕후·안평대군·금성대군·김종서·황보인·정분 등과 사육신, 그리고 세조 찬위로 원통하게 죽은 280명의 성명을 비단에 써서 초혼제를 지낸 유서 깊은 역사적 고찰이다.

그러나 그때의 건물들은 6·25동란 때 모두 타 버리고 그 후 1960년에 복원해서 지금은 청도 운문사의 강원과 함께 우리 나라의 대표적인 비구니 수련 도장으로 손꼽히고 있다.

大雄殿 대웅전

佛身普遍十方中	불신보변시방중
三世如來一切同	삼세여래일체동
廣大願雲恒不盡	광대원운항부진
汪洋覺海渺難窮	왕양각해묘난궁

(글씨·경봉 스님)

부처님은 우주에 가득하시니
삼세의 모든 부처님 다르지 않네.
광대무변한 원력 다함이 없어
넓고 넓은 깨달음의 세계 헤아릴 수 없네.

㈜ 부처님의 무한한 능력과 원과 자비심을 찬양한 글.
　• 원(願) … 중생을 구제하려는 부처님의 마음.
　• 왕양(汪洋) … 넓고 넓은 바다.
　• 각해(覺海) … 깨달음의 바다.

吉祥庵 길상암

山堂靜夜坐無言 산당정야좌무언
寂寂寥寥本自然 적적요요본자연
何事西風動林野 하사서풍동임야
一聲寒雁唳長天 일성한안려장천

虛空可量風可繫 허공가량풍가계
無能說盡佛功德 무능설진불공덕

(글씨·경봉 스님)

고요한 밤 산당(山堂)에 묵묵히 앉았으니
적요(寂寥)로움 가득 본연(本然)의 세계인데
무슨 일로 서풍은 건듯 불어 숲을 흔들며
장천(長天)에 기러기 끼득끼득 이 무슨 소식인가.

허공도 가히 잴 수 있고 바람도 잡아맬 수 있으나
한량없는 부처님의 공덕은 다 말할 수 없네.

팔 공 산 파 계 사
八公山把溪寺

•

대구광역시 동구 중대동(대한불교 조계종 제9교구 본산 동화사의 말사)

사적기에 의하면 신라 애장왕 5년(804) 심지왕사(心地王師)가 창건하였다고 한다.

심지화상은 신라 41대 헌덕왕의 아들이다. 30세에 법주사에서 계법(戒法)을 전해받는 점찰법회(占察法會)를 연다는 소문을 듣고 달려갔으나 지각했다는 이유로 법회에 참석하지 못했다. 그래서 그는 뜰에 거적을 깔고 대중(大衆)과 함께 예참(禮懺)에 참가했는데, 7일이 되던 날 많은 눈이 내렸으나 심지화상이 앉은 자리의 주위 10척에는 눈이 오지 않았다. 그때서야 영심대사(永深大師)가 심지(心地)를 당에 들어오게 하고 정계(正戒)를 주었으며, "부처님의 뜻이 그대에게 있으니 그대가 봉행하라."고 하면서 간자(簡子)를 주었다고 한다.

그리고 팔공산(八公山)으로 돌아와서 파계사(把溪寺)를 지었고, 그 뒤 선조 38년(1695) 현응(玄應)이 중창(重創)하였다.

현응은 숙종의 부탁에 따라 세자의 잉태를 기원하며 농산(聾山)과 함께 백일기도를 하였는데, 기도가 끝나는 날 농산은 숙빈 최씨에게 현몽하고 훗날 영조가 된 세자로 다시 태어났다고 한다.

이때 숙종은 현응의 공을 높이 사서 파계사를 중심으로 40리에 걸친 지역에서 내는 세금을 파계사(把溪寺)에서 거두어 드리라는 명을 내렸다.

그러나 현응(玄應)은 이를 거절하고 선대 임금의 위패를 모시게 하여 달라고 청하여 경내에 기영각을 짓고 선조·숙종·덕종·영조 네 분의 위령을 모셔서 지방 유생들의 행패를 막을 수 있었다. 그때 세워진 대소인개하마비(大小人皆下馬碑)가 지금도 있으며 영조께서 11세 때 쓴 현응전(玄應殿)이라는 현판도 지금까지 성전암(聖殿庵) 법당(法堂)에 걸려 있다.

圓通殿 원통전

觀音菩薩大醫王	관음보살대의왕
甘露瓶中法水香	감로병중법수향
灑濯魔雲生瑞氣	쇄탁마운생서기
消除熱惱獲淸凉	소제열뇌획청량

(글·常住勸供, 灑水偈)

중생 병 고치는 큰 의사이신 관세음 보살님
감로수 병 속에 법수(法水) 향기로워라.
마귀의 구름 벗겨 버리고 서기(瑞氣) 살아나게 하시며
모든 번뇌 씻어 버리고 청량(淸凉)함을 얻게 하시네.

㊀ • 법수(法水) … 묘법이 번뇌의 때를 씻으므로 물에 비유한 말.
 • 쇄탁(灑濯) … 세탁과 같은 뜻.
 • 마운(魔雲) … 밝은 마음을 가리는 요사스러운 망상의 구름.
 • 서기(瑞氣) … 상서로운 기운.
 • 열뇌(熱惱) … 뜨거운 번뇌.
 • 청량(淸凉) … 번뇌가 사라져서 맑고 시원함.

금 오 산 해 운 사

金烏山海雲寺

경상북도 구미시 남통동(대한불교 조계종 제9교구 본산 직지사의 말사)

신라 말 도선국사(道詵國師)가 창건하였고 1925년 중창하여 해운암(海雲庵)이라 하였으며 1956년 3월에 현존하는 대웅전을 지었다.

금오산 관광로를 따라가다가 삭도(索道)를 타고 종점에 도달하면 바로 그곳에 해운사(海雲寺)가 있다.

절의 규모는 작으나 깎아지른 산중턱에 지은 노고를 생각하면 정말로 놀라운 신앙의 힘에 감탄할 수밖에 없다.

절 뒤편에는 깎아지른 검은 삭벽(削壁)이 수백 미터에 걸쳐 솟아 있고 그 너머 도선대사(道詵大師)가 수도하였고 길재(吉再)가 세속을 피하여 은거(隱居)했다는 도선굴(道詵窟)이 있다. 절 서편 계곡에는 수려한 금명폭포(金鳴瀑布)가 일대 장관을 이루고 있다.

채미정. 금오산 저수지에서 해운사로 가는 계곡 입구에 있다.
고려 말기의 충신인 길재(吉再)가 은거했던 곳.

大雄殿 대웅전

佛身充滿於法界	불신충만어법계
普現一切衆生前	보현일체중생전
隨緣赴感靡不周	수연부감미부주
而恒處此菩提座	이항처차보리좌

(글·奠施食)

부처님은 온 법계에 가득 차 있으며
항상 모든 중생들 앞에 나투시네.
인연따라 다다라서 두루 보살펴 주시고
그리고 모든 곳에 지혜 베풀어 주시네.

㊟ • 부(赴) … 다다를 부.
  • 미(靡) … 멸할 미, 없어질 미.

금오산에 설치된 삭도. 종점에 해운사가 있다.

사 불 산 윤 필 암

四佛山潤筆庵

경북 문경군 사북면 전두리
(대한불교 조계종 제8교구 본산 직지사의 말사인 대승사에 소속된 암자)

대승사(大乘寺)는 원래 대승사 중심으로 상적암(上寂庵)·대인암(大仁庵)·묘적암(妙寂庵)·윤필암(潤筆庵)·보현암(普賢庵)·문수암(文殊庵)·반야암(般若庵)·사불암(四佛庵)·미륵암(彌勒庵)의 아홉 암자가 있었다.

그러나 세월이 지나는 동안 모두가 퇴락(頹落)하고 그 가운데 묘적암·윤필암·상적암의 세 암자만이 현존하고 있다.

윤필암은 고려 우왕(禑王) 6년에 세워졌으며 각관비구(覺寬比丘)의 선도장(禪道場)으로 유명했던 곳이다.

지금은 비구니들의 선도장으로 이용되고 있으며, 울창한 숲에 쌓인 이 암자에 발을 들여 놓으면 저절로 마음이 숙연해진다.

潤筆庵 윤필암

白衣觀音無說說　백의관음무설설
南巡童子不聞聞　남순동자불문문
瓶上綠楊三際夏　병상록양삼제하
巖前翠竹十方春　암전취죽시방춘

一葉紅蓮在海中　일엽홍련재해중
碧波深處現神通　벽파심처현신통
昨夜寶陀觀自在　작야보타관자재
今日降赴道場中　금일강부도장중

(글 · 各壇念佛, 觀音殿念佛)

백의관음은 말없이 말하고
남순동자는 들음 없이 듣도다.
꽃병 위에 버들 항상 여름인데
바위 위의 대나무는 시방의 봄일세.

붉은 꽃잎 하나 바다 위에 떴으니
푸른 파도 깊은 곳에 신통(神通) 나타나네.
지난밤에 보타락가(寶陀落迦)산에 계시던 관세음 보살님
오늘은 도량중에 강림하시네.

㊟ • 백의관음(白衣觀音) … 33 관음의 한 분. 항상 흰옷을 입고 흰 연꽃에
　　앉으신 관세음 보살.
　• 남순동자(南巡童子) … 관세음 보살을 왼쪽에서 모시는 보처존(補處
　　尊).
　• 신통(神通) … 무애자재(無碍自在)한 초인적인 불가사의한 힘.
　• 보타(寶陀) … 보타락가(寶陀落迦)의 준말. 인도 남쪽에 있는 8각형의
　　산인데 관세음보살의 주거처(住居處).
　• 강부(降赴) … 강림(降臨).
　• 도량(道場) … 보리도량(菩提道場)이라고도 하며 불도수행(佛道修行)
　　의 장소.
　• 관자재(觀自在) … 관세음 보살.

四佛殿 사불전

月磨銀漢轉成圓 월마은한전성원
素面舒光照大千 소면서광조대천
連臂山山空捉影 연비산산공착영
孤輪本不落靑天 고륜본불락청천

(글·觀音禮文禮)

달과 은하수 돌고 돌아 큰 천지(天地) 이루는데
흰 얼굴 밝은 빛은 대천세계(大千世界) 비추는구나.
연이은 산과 산 그림자 공허(空虛)하고
둥근 달은 본래 하늘에서 떨어지지 않는 것을.

禪院   선원

刹那生滅無常法	찰나생멸무상법
聚散循環有漏因	취산순환유루인
金烏出沒促年光	금오출몰촉년광
玉兎昇沈催老像	옥토승침최로상
忍受井枯魚少水	인수정고어소수
寧容象逼鼠侵藤	영용상핍서침등
觀玆脆境早修行	도자취경조수행
勤念彌陀生極樂	근염미타생극락

(글·野雲 自警文)

찰나(刹那)에 생(生)하고 멸함이 무상(無常)한 법(法)이요
모였다 흩어짐은 유루(有漏)의 탓이로다.
해 뜨고 지니 세월 재촉하고
달 뜨고 지니 덧없이 늙어만 가네.

우물 마르니 물에 고기가 줄고
코끼리떼 다다르니 쥐들이 등나무 갉아 먹네.
이 위태로운 경계 속에 어서 도업(道業)을 닦아
부지런히 아미타불 염불하여 극락 왕생하리라 .

㊖ 이 세상 모든 것은 항상 멸함이 없고 변해가고 있는데 세월은 물같이
빨리 흘러만 간다. 이러한 가운데 사람으로 태어난 우리들은 부지런히
불도를 닦고 열심히 염불해서 아미타불의 가피를 입어 극락 왕생하도록
힘써야 하리라.
- 찰나(刹那) … 한 생각을 일으키는 짧은 순간.
- 생멸(生滅) … 생기(生起)와 멸진(滅盡). 인연이 화합하여 성립하는 만
유(萬有)는 변천하는 성질의 것이므로 반드시 생멸(生滅) 변천한다.
- 유루(有漏) … 번뇌를 뜻함, 즉 번뇌가 있는 것.
- 금오(金烏) … 태양(太陽).
- 옥토(玉兎) … 태음(太陰), 즉 달.
- 핍(逼) … 위축할 핍, 위기가 닥칠 핍.
- 근염(勤念) … 부지런히 염불(念佛)을 하다.
- 미타(彌陀) … 아미타불의 약칭.

능 가 산 내 소 사
楞伽山來蘇寺

전라북도 부안군 진서면 석포리(대한불교 조계종 제24교구 본산 선운사 말사)

변산반도 남단 능가산에 있는 이 절은 신라 선덕여왕 2년(633) 혜구(惠丘)스님이 창건한 절이며 당시에는 소래사(蘇來寺)라 하였다.

그 뒤 청민(靑旻) 관해(觀海) 등이 중축하여 오늘에 이른 유서 깊은 고찰이다.

소래사(蘇來寺)를 내소사(來蘇寺)로 고쳐 부르게 된 것은, 중국의 소정방(蘇定方)이 변산반도 석포리에 상륙한 뒤 이 절을 찾아와서 많은 재물을 시주했기 때문에 이를 기념하기 위해서 '來寺 蘇定方'이라는 뜻에서 내소사라 하게 되었다고 한다.

많은 당우들 가운데 특히 유명한 것은 대웅보전(大雄寶殿)인데 그 의장(意匠)과 기법이 매우 독창적인 조선 중기의 대표작이다.

못 하나 쓰지 않고 나무를 깎아 서로 교합하여 만들었다고 하며, 법당 내부에 그려진 관세음 보살상의 그림도 일품 중의 일품이다.

전설에 따르면 이 건물은 호랑이가 화현(化現)한 대호선사(大虎禪師)가 지었다고 하고, 벽화는 관세음 보살의 화현인 황금빛 날개를 가진 새가 날아와서 그렸다고 하는데 그때 일화가 지금까지 전해지고 있다.

그리고 이 절에는 법화경 발본사경이 있는데 이는 조선 초기에 이씨 부인이 망부(亡夫)의 명복을 빌기 위해 한 자 쓰고 절 한 번 하고 또 한 자 쓰고 절 한 번 하고 해서 지극한 정성으로 필사한 것이라 한다.

大雄殿 대웅전

鐸鳴鐘落又竹篦　탁명종락우죽비
鳳飛銀山鐵城外　봉비은산철성외
若人聞我喜消息　약인문아희소식
會僧堂裡滿鉢供　회승당리만발공

목탁 소리 종소리 죽비 소리 어울리니
은빛 산속에 봉황새가 날아드네.
누가 내게 무슨 기쁜 일 있나 묻는다면
당우(堂宇)에서 스님들께 바루 가득 공양 올린다고 하리.

㊟ 산속에서 불도를 닦으며 부처님에게 예불하고 공양 올리며 사는 기쁨을
나타낸 게송.
• 탁(鐸) … 목탁 탁.
• 죽비(竹篦) … 죽비, 대나무로 만든 법구.
• 발(鉢) … 바릿대 발.

두 륜 산 대 흥 사

頭輪山大興寺

전라남도 해남군 삼산면 구림리(대한불교 조계종 제22교구 본산)

절 앞 마당에 신암(信庵)·총은(恖隱)·성유(性柔) 등 고려 시대의 세 부도가 있었던 것으로 미루어 창건 연대가 고려 시대 이전라는 것을 알 수 있다.

그러나 그때의 사찰 규모는 지금처럼 웅장한 것이 못되었다.

이 절이 지금처럼 크게 중창된 것은 서산대사(西山大師)가 대흥사(大興寺)를 "삼재가 들어오지 않는 곳이요, 만세토록 파괴됨이 없는 곳이며 종통(宗統)의 소귀처(所歸處)가 될 곳이다."라고 하시며 자신의 의발을 부촉한 임진왜란 이후의 일이다.

임진왜란 때 서산대사 휘하의 승군총본부(僧軍總本部)로 국방에 크게 기여한 곳이며, 선조(宣祖)가 대사에게 내린 여러 가지 교지와 많은 유품을 간직한 유서 깊은 사찰이다.

정조 12년(1788)에 그곳에 표충사(表忠祠)를 지어 서산대사·사명대사(泗溟大師)·처영대사(處英大師)의 영정을 보안하였는데 최근에는 서산대사 유물관(遺物館)이 세워졌다.

배불사상(排佛思想)이 강한 시기 속에서도 많은 인재를 배출한 이 절에서는 13대종사(大宗師)와 13대강사(大講師)를 배출하여 불법을 크게 일으켰다고 해서 절 이름도 대흥사라고 하였다고 한다.

소백산맥의 최남단에 있는 두륜산(頭輪山)은 천연기념물 173호로 지정된 왕벗나무의 자생지로 이름난 곳이기도 하며, 봄에는 동백, 여름에는 짙은 녹음, 가을에는 아름다운 단풍으로 유명한 경치 좋은 곳이기도 하다.

解脫門 해탈문

南無阿彌陀佛　나무아미타불
南無觀世音菩薩　나무관세음보살

나무아미타불
나무관세음보살

大雄殿 대웅전

佛莱難鳴菩摩能

威光徧照十方中

月印千江一體同

四智圓明諸聖士

責臨法會利群生

華阿方般法涅呪

대흥사의 부도

佛葉難鳴豈摩能	불엽난명기마능
威光徧照十方中	위광편조시방중
月印千江一體同	월인천강일체동
四智圓明諸聖士	사지원명제성사
賁臨法會利郡生	분임법회이군생
華阿方般法涅呪	화아방반법열주

부처님, 가섭, 아란, 마명, 용수, 달마, 혜능 조사님이시여
부처님의 위광(威光)이 시방세계에 가득 차고
천 갈래 강에 비친 달은 천 개로 보여도 근본은 하나
사지(四智)에 모두 통달한 많은 성인들
넓게 법회(法會)에 임해서 많은 중생을 이롭게 하네.
그것은 바로 화엄경, 아함경, 방등경, 반야경, 법화경,
열반경의 주문일세

㈜ • 화(華) … 빛날 화.
• 아(阿) … 아름다운 아.
• 방(方) … 넓을 방.
• 반(般) … 즐길 반.
• 열(涅) … 열반(涅槃).
• 주(呪) … 주문(呪文).

千佛殿 천불전

世尊坐道場　세존좌도량
淸淨大光明　청정대광명
比如千日出　비여천일출
照耀大千界　조요대천계

세존께서는 도량에 앉아 계시고
청정한 대 광명을 놓으시네.
비교하건대 마치 천 개의 해가 뜨는 것같이
대천세계를 밝게 비추시네.

㈜ • 조요(照耀) … 비추다.

천불전 안에 안치된 천불천상

내 장 산 내 장 사

内藏山内藏寺

전라북도 정주시 내장동(대한불교 제 24교구 본산 선운사의 말사)

신라 무왕 37년(636) 영은조사(靈隱祖師)가 창건하여 영은사(靈隱寺)라고 하였다. 그때의 사찰의 규모는 당우가 50여 채나 되었다고 한다.

고려 숙종 3년(1098) 행안대사가 전각과 당우를 새로 건립하고 중창해서 사찰의 면모를 일신하였다.

1539년 내장산(內藏山)에 승도탁란사건(僧徒濁亂事件)이 일어나자 중종(中宗)은 내장사(內藏寺)와 영은사(靈隱寺)가 도둑의 소굴이라고 해서 절 전체를 소각하여 버렸다.

명종 12년 (1557년) 희묵(希默)은 불타 버린 옛 절터에 법당과 요사를 짓고 절 이름을 내장사(內藏寺)라고 하였다. 그 뒤 몇 차례의 중창을 하였으나 6·25사변 때 모두 소실되고 지금의 건물들은 모두 그 후에 지은 건물들어서 고찰다운 묵직한 맛이 나지 않는다.

그러나 절이 자리잡고 있는 내장산은 호남 오대 명산 중 하나이며, 수려한 바위산 봉우리와 기암괴석 속에 서 있는 소나무와 가을의 단풍은 비길 바 없는 아름다움이 있어 내장사를 찾는 많은 사람들 가슴에 한량없는 감명을 안겨 준다.

一柱門 일주문

歷千劫而不古 역천겁이불고
亘萬歲而長今 긍만세이장금

천겁(千劫)을 지나도 옛날이 아니요
만세(萬歲)를 뻗쳐도 항상 오늘.

天王門 천왕문

四大天王威勢雄　사대천왕위세웅
護世巡遊處處通　호세순유처처통
從善有情貽福陰　종선유정이복음
罪惡群品賜灾隆　죄악군품사제륭

사대천왕의 위세가 크고도 당당하여
두루 세상을 돌고 지키며 모든 곳에 나투시어
착한 일을 하는 중생들에게 복을 주시고
죄 짓고 악한 무리에게 재앙을 내리도다.

㊒ • 사대천왕(四大天王) … 사천왕(四天王).
　• 재(灾) … 재(災)의 옛글자.

동 락 산 도 림 사
動樂山道林寺

전라남도 곡성군 곡성읍 월봉리(대한불교 조계종 제19교구 본산 화엄사의 말사)

도림사(道林寺)는 무열왕 7년(660) 원효대사(元曉大師)가 창건한 절인데, 이 절 앞에는 개울물이 흐르는데, 그 개울은 약 1Km에 걸쳐 넓은 암반(岩盤)이 이어지고 그 위를 흐르는 맑은 물은 군데군데 작은 폭포와 담을 형성해서 무척 경치가 좋다.

그래서 예로부터 많은 풍류객들이 모여들어 노닐면서 풍악을 울리고 시를 읊었는데, 그 풍악 소리가 산을 울려 산 이름을 동락산(動樂山)이라 하였다 하고, 또 절에는 도인들과 스님들이 숲속의 나무와 같이 많이 모여들었다 하여 절 이름을 도림사라고 했다 한다.

그 뒤 헌강왕 2년(876)에 도선국사(道詵國師)가 중건하였고 조선시대 말기에 이르러 다시 중창하여 현재에 이르고 있다.

현존하는 당우로는 중심 건물인 보광전(普光殿)을 비롯, 나한전(羅漢殿), 명부전(冥府殿), 약사전(藥師殿), 응진전(應眞殿), 무량수각(無量壽閣), 칠성각(七星閣), 요사(寮舍) 등이다.

서산대사와 사명대사 같은 고승들도 이 절을 지나갔으나 아무 흔적도 남기지 않은 것은 그들이 모두 물같이 바람같이 살다가 갔기 때문이다. 특별한 문화재는 남아 있지 않으나 절 앞 약 500m 전방에 5기의 부도(浮屠)가 오랜 절의 역사를 말해 주듯 묵묵히 서 있다.

普光殿 보광전

三界猶如汲井輪	삼계유여급정륜
百千萬劫歷微塵	백천만겁역미진
此身不向今生度	차신불향금생도
更待何生度此身	갱대하생도차신

〔글·高聲念佛〕

삼계는 마치 우물의 두레박처럼 돌고 도는 것과 같이
백천만겁의 많은 세월을 지내도다
이제 이 몸 금생에서 제도 못하면
다시 어느 생을 기다려 제도할 것인가.

㈜ • 삼계(三界) … 중생이 생사에 유전(流轉)하는 미혹(迷惑)의 세계.
  • 미진(微塵) … 물질의 아주 작은 것을 극미(極微)라 하고 극미(極微)의
    7배 한 것을 미진(微塵)이라 한다.
  • 도(度) … 제도(濟度).

소 백 산 명 봉 사
小白山鳴鳳寺

경상북도 예천군 상리면 명봉리(대한불교 조계종 제8교구 본사인 직지사의 말사)

신라 헌강왕 1년(875)에 두운(杜雲)이 창건하였으며 1662년에 화재로 전소된 뒤 여러 승려들이 힘을 모아 중건하였다. 6년 뒤인 1668년에 다시 화재로 소실되자 신익(信益) 등이 중창의 뜻을 모아 10여 년 동안 시주를 얻어 크게 중창하였다.

그러나 6·25 때 다시 전소된 것을 1955년에 주지 만준(滿俊) 스님이 중건하여 오늘에 이르고 있다.

소백산맥 남단에 있는 학가산(鶴嘉山) 주변에는 많은 절이 있는데, 예천에 명봉사(鳴鳳寺)를 비롯하여 안동군 북후면에 봉정사(鳳停寺), 그리고 영주군 평은면에 있는 봉서사(鳳棲寺) 등 절 이름에 봉(鳳) 자가 있는 절에는 다음과 같은 전설이 있다.

의상대사가 부석사를 창건하고 나서 부석사(浮石寺)에서 종이학을 만들어서 하늘에 날리니 한 마리 봉(鳳)으로 변해서 예천 명봉사(鳴鳳寺)에 이르러 크게 울고, 다시 날아 봉정사(鳳停寺)에 날아가서 잠시 쉬었다가 봉서사(鳳棲寺)에 가서 살게 되었다고 하는 전설이 있다.

그래서 명봉사는 봉이 운 곳이라고 명봉사라 하였고, 봉정사는 봉이 머문 곳에 있다고 절 이름을 봉정사라 하였고, 봉서사는 봉이 눌러 앉아 살게 된 곳이라고 봉서사라는 이름을 붙였다고 한다.

極樂殿 극락전

極樂堂前滿月容　극락당전만월용
玉毫金色照虛空　옥호금색조허공
若人一念稱名號　약인일념칭명호
頃刻圓成無量功　경각원성무량공

극락당 앞에 둥근 달과 같은 부처님 용모
옥호의 금색 광명 허공을 비치네.
만약 사람이 일념으로 명호를 부르면
잠깐 사이에 한량없는 공덕 원만히 이루리다.

㈜ • 옥호(玉毫) … 부처님 미간에 있는 밝은 털. 32상의 하나.
• 명호(名號) … 부처님의 이름.
• 원성(圓成) … 원만히 성취함.
• 공(功) … 공덕(功德).
• 경각(頃刻) … 잠깐 사이.

태 백 산 정 암 사
太白山淨巖寺

강원도 장성군 고환읍 고한리(대한불교 조계종 제4구 본산 월정사의 말사)

양산 통도사와 함께 우리 나라 5대 정멸보궁의 하나로서 유명하며 신라의 자장율사(慈藏律師)가 창건한 절이다.

어느 날 자장율사가 꿈을 꾸니 한 낯선 스님이 나타나 "내일 대송정(大松汀)에서 만나자."하기에 아침에 그곳에 가보니 문수보살이 나타나서 "태백산 갈반지(葛礒地)에서 만나자."하고 사라졌다고 한다. 그래서 자장율사는 제자들과 함께 태백산으로 가서 갈반지를 찾아다녔는데, 어느 날 큰 구렁이가 똬리를 틀고 앉아 있는 것을 보고 "이곳이 바로 갈반지이다." 하며 그 자리에 절을 지었는데 그 절이 바로 정암사(淨巖寺)이다.

이 절에는 자장율사와 문수보살 사이에 있었던 유명한 전설이 있다.

자장율사가 이곳에서 문수보살이 오기를 기다리던 어느 날, 떨어진 옷을 입은 한 허름한 거사(居士)가 칡 삼태기에 죽은 강아지를 담아와서 자장(慈藏)을 만나러 왔다고 한다.

시자는 거사(居士)에게 함부로 스승의 이름을 부른다고 나무라고, 자장율사에게 그 사실을 아뢰자 자장은 미처 깨닫지 못하고 미친 사람으로 오인해서 만나지 않았다.

거사는 "아상(我相)을 가진 자가 어찌 나를 알랴."하고 삼태기의 죽은 강아지를 땅에 쏟자 죽은 강아지는 사자보좌(獅子寶座)로 바뀌었다. 거사는 그 보좌 위에 앉아 빛을 발하며 어디론가 가 버렸다.

이 말을 들은 자장율사 황급히 달려갔으나 거사는 온데간데 없었다. 그리하여 자장율사는 그 자리에 쓰러져 죽었다고 한다.

爲度衆生故	위도중생고
方便現涅槃	방편현열반
常往此說法	상왕차설법
有實不滅度	유실불멸도
叺諸神通力	팔제신통력
令顚倒衆生	영전도중생
雖近而不見	유근이불견
衆生我滅度	중생아멸도
廣供養舍利	광공양사리
咸皆憶戀慕	함개총연모
衆生湯仰心	중생탕앙심

중생을 제도하기 위해
방편을 나투셔서 열반에 드시고
항상 여기 머무시며 설법하시는데.
실(實)에만 집착하면 멸(滅)과 도(道)를 놓치는 법
모든 신통력 나타내어
중생의 마음을 돌리시니
비록 가까이에서 뵈올 수 없어도
중생과 나를 지도해 주시네.
진신사리 앞에 모든 공양 올려
모든 사람 감응하고 부처님 연모(戀慕)하며
뜨거운 마음으로 부처님을 우러러 받드리.

㊎ 부처님은 중생제도를 위해서 이 세상에 오셔서 여러 가지 방편을 나타
내시고 열반에 드셨다. 눈앞에 나타난 실상(實相)은 사실은 허상(虛相)
이고 공(空)한 것인데 여기에 집착하면 진정한 깨달음을 얻을 수 없다.
그러므로 우리는 끓은 물과 같이 뜨거운 마음으로 늘 부처님을 공경하
고 연모하며 그의 가르침에 따라야 한다.
• 實(실) … 영구히 변하지 않는 궁극적인 것.
• 멸도(滅道) … 사성제(四聖諦)의 멸제(滅諦)와 도제(道諦).
• 팔(叺) … 입 벌릴 팔.

태 조 산 도 리 사
太祖山桃李寺

경상북도 선산군 해평면 송곡리(대한불교 조계종 제8교구 본사인 직지사의 말사)

아도화상(阿道和尙)이 신라에 불교를 전하기 위해서 서라벌에 갔다가 돌아오는 길에, 태조산에 이르니 겨울인데도 복숭아꽃과 오얏꽃이 만발해 있음을 보고 그곳에 절을 짓고 절 이름을 도리사(桃李寺)라고 하였다.

정확한 창건 연대는 알 수 없으나 신라 초기의 절이라고 전해지고 있다. 처음의 절터는 태조산 아래 기슭이었으며 지금의 절터에는 옛날 금당암(金堂庵)이 있던 곳이라고 한다.

1976년에 아도화상(阿道和尙)의 석상이 발견되었으며, 1977년 4월에 세존사리탑(世尊舍利塔)을 해체, 복원하다가 석가모니의 진신사리(眞身舍利) 1과를 발견하였다.

그리하여 지금은 진신사리를 모신 적멸보궁을 건립하여 많은 불자들의 참배 도량이 되었다.

太祖禪院 태조선원

世尊當入雪山中　세존당입설산중
一座不知經六年　일좌부지경육년
因見明星云悟道　인견명성운오도
言詮消息遍三千　언전소식편삼천

세존께서 설산에 들어가셨을 때
한 번 앉아 6년 동안 지나감을 알지 못했네.
샛별 봄으로 인하여 도를 깨치셨으니
말씀하신 소식 삼천대천세계에 두루 퍼지도다.

靈鷲拈花示上機　영취염화시상기
肯同浮木接盲龜　긍동부목접맹구
飮光不是微微笑　음광불시미미소
無限淸風付與誰　무한청풍부여수

영취산에서 꽃을 쳐들어 보인 것은
마치 바다에 뜬 판자 구멍으로 눈 먼 거북의 목이 나온
것과 같이 귀한 것이며
가섭이 그를 보고 부처님의 마음을 알고 미소지으니
한없는 맑은 바람 누구와 더불어 불어오나.

㊤ 약 3000년 전 인도 북쪽에 있는 네팔국 왕사성 교외에 영취산에서 무수
한 대중들 앞에서 부처님이 설법을 하였다. 그러나 그날은 아무 말을
하시지 않고 범천(梵天)이 공양한 금바라(金波羅)라는 꽃을 말없이 쳐
들어 보였다. 아무도 그 뜻을 알지 못했으나 오직 가섭존자만이 그 뜻
을 알고 파안미소(破顔微笑)를 지었다. 이 게송은 그 사실을 기록한 것
이다.

昆尾秘笈白	곤미비급백
次復須彌燈	차부수미등
秘妙華一宇	비묘화일우
玄具陀羅果	현구다라과
虛空顯妙用	허공현묘용
塵刹貫眞諦	진찰관진체
圓法周三昧	원법주삼매
西方無量壽	서방무량수

선배 뒤를 이어 신비한 법 밝히더니
다음에는 수미 세계에 등불을 켜는구나.
미묘한 이 한 우주에
다라니(陀羅尼)의 과(果) 모두가 구현되네.

허공에 신묘한 작용 나타나고
수많은 국토에도 절대적 진리 관통하네.
원법 삼매(三昧)에 드신 부처님
서방정토(西方淨土)에서 무량수(無量壽) 누리시네.

㊟ • 곤(昆) … 형 곤, 맏 곤.
 • 급(笈) … 책장 급, 경서. 즉 상징적으로 불법(佛法)을 뜻함.
 • 수미(須彌) … 수미산(須彌山) 세계.
 • 타라(陀羅) … 타라니(陀羅尼). 즉 선법(善法)을 갖추어 악법(惡法)을 막는 것, 혹은 범어로 된 주문.
 • 과(果) … 원인으로 생기는 일체의 법.
 • 묘용(妙用) … 신묘한 작용, 묘한 용법.
 • 진찰(塵刹) … 국토(國土)의 수가 많음을 티끌에 비유한 말.
 • 진제(眞諦) … 절대적인 진리. 곧 열반의 경지.
 • 원법(圓法) … 원만한 법.
 • 삼매(三昧) … 잡념을 떠나서 한 가지 대상에만 정신을 집중시키는 경지이며, 이 경지에 다다르면 바른 지혜를 얻고 대상을 올바로 파악할 수 있다 함.
 • 서방(西方) … 서방정토(西方淨土)의 준말.
 • 무량수(無量壽) … 한량없이 긴 생명, 즉 영생.

호 거 산 운 문 사
虎踞山雲門寺

경상북도 청도군 운문면(대한불교 조계종 제9본사인 동화사의 말사)

　신라 진흥왕 21년(560)에 신승(神僧)이 창건한 유서 깊은 고찰이다. 그 후 진평왕 22년(600)에 세속오계(世俗五戒)를 지어서 유명한 원광대사(圓光大師)가 크게 중창하였다.

　임진왜란 때 당우의 일부가 소실되기는 했으나 비로전을 비롯하여 많은 건물들이 옛 그대로 잘 보존되고 있다.

　오랫동안 비구니의 선찰이었던 운문사는 지금은 우리 나라 굴지의 비구니강원으로서 이름난 곳이 되었다. 많은 여승들이 수행하는 이곳에는 관응 큰스님의 딸인 명성 비구니가 강원의 강사로서 후진 양성을 위해 정진하고 있다.

鐘閣 종각

願此鍾聲遍法界	원차종성변법계
鐵圍幽暗悉皆明	철위유암실개명
三途離苦破刀山	삼도이고파도산
一切衆生成正覺	일체중생성정각

〔글·鐘頌〕

원컨대 이 종소리 모든 법계에 두루 퍼지소서.
철위지옥(鐵圍地獄)의 모든 어두움도 다 밝아지소서.
삼도(三途)와 도산지옥(刀山地獄)의 고통을 여의고
모든 중생을 바로 깨닫게 하여 주소서.

㊟ 종을 치는 스님의 마음으로 이 게송을 음미해야 한다.
  • 철위(鐵圍) … 철위산(鐵圍山), 이 우주 가장 바깥쪽에 있는 산으로 모두가 쇠로 되어 있다고 함.
  • 삼도(三途) … 지옥(地獄), 아귀(餓鬼), 축생(畜生)을 말한다.
  • 刀山(도산) … 도산지옥(刀山地獄). 10대 지옥의 하나, 즉 칼이 솟아 있는 산을 밟고 가는 고통을 겪는 지옥.

冥府殿 명부전

地藏大聖威神力　지장대성위신력
恒河沙劫說難盡　항하사겁설난진
見聞瞻禮一念間　견문첨례일념간
利益人天無量事　이익인천무량사

〔글・黃葉普渡門〕

지장보살님의 위신력이여
억겁을 두고 설명해도 다하기 어렵나니
보고 듣고 예배하는 잠깐 사이에
인천(人天)에 이익된 일 무량하여라.

㊟ 지장보살을 찬탄하고 지장보살을 예경하면 모든 사람들에게 한량없는
이익이 온다는 것을 깨우쳐 주는 게송.
　•항하사(恒河沙) … 한량없이 많은 수.
　•겁(劫) … 무한히 긴 시간의 단위.

운문사의 유명한 반송

觀音殿 관음전

白衣觀音無說說	백의관음무설설
南巡童子不聞聞	남순동자불문문
瓶上綠楊三際夏	병상록양삼제하
巖前翠竹十方春	암전취죽시방춘
一葉紅蓮在海中	일엽홍연재해중
碧波深處現神通	벽파심처현신통
昨夜寶陀觀自在	작야보타관자재
今日降赴道場中	금일강부도량중

백의관음은 말없이 말하고
남순동자는 들음 없이 듣도다.
꽃병 위에 버들 항상 여름인데
바위 위의 대나무는 시방의 봄일세.
한 잎 연꽃은 바다 가운데 떠 있고
푸른 파도 깊은 곳에 신통으로 나투시네.
지난밤에 보타산에 계시던 관세음 보살님
오늘은 도량 가운데 강림하시네.

㈜ 관세음 보살은 말하지 않아도 남순동자는 그 뜻을 이심전심(以心傳心)
모두 알아듣는다. 불법(佛法)을 모두 알고 보니 이 세상 모두가 아름답
게 보이고 환희로워진다. 항상 우리와 함께 계시는 관세음 보살의 공덕
을 찬탄하는 게송임.
• 남순동자(南巡童子) … 관세음 보살을 왼쪽에서 보좌하는 분.
• 보타(寶陀) … 보타락가(寶陀落迦)의 준말. 인도 남쪽에 있는 관세음
보살의 주거처.

毘盧殿 비로전

莫謂慈容難得見	막위자용난득견
不離祇園大道場	불이기원대도량
虛空境界豈思量	허공경계이사량
大道清幽理更長	대도청유이갱장

부처님의 자비로운 모습 뵈옵기 어렵다고 말하지 말라
항상 우리 곁 도량을 떠나지 않고 계시는 것을
허공과 같은 경계를 어찌 다 헤아릴 수 있으리오.
대도(大道)는 맑고 그윽하며 이치는 영원하도다.

六和堂 육화당

流水迷松徑　유수미송경
疏簾看雲捲　소렴간운권
水月性常明　수월성상명
烟霞心與潔　연하심여결
聞雲到竹房　문운도죽방
深戸映花開　심호영화개

흐르는 물은 솔길을 막히게 하고
성근 발 사이로 구름 걷히는 것이 보이네.
물과 달의 성품이 항상 밝으니.
연기와 안개가 마음으로 더불어 깨끗하네.
한가한 구름이 대방에 이르르니
문 안 깊숙이 꽃피는 모습이 비침이라.

五百殿 오백전

我作佛事淵乎妙哉　아작불사연호묘재
空山無人水流花開　공산무인수류화개
前聖後聖相喩以言　전성후선상유이언
口如布穀而意莫傳　구여포곡이의막전
盆華浮紅篆烟繞靑　분화부홍전연요청
無問无答如意自橫　무문무답여의자횡
我以道眼爲傳法宗　아이도안위전법종
爾以願力爲護法龍　이이원력위호법룡

내가 불사를 함에 깊고도 묘한지라
빈 산에 사람은 없는데 물이 흐르고 꽃은 피네.
전성과 후성이 모두 말로써 가르치니
말은 포무새(뻐꾸기)와 같으나 뜻은 전하지 못함이로다.
화분의 꽃은 붉은색을 띠고 향로의 연기는 푸름을 두름이라.
울음도 없고 답도 없으나 뜻과 같이 자재함이라.
나는 도안으로써 법을 전하는 종(宗)이 되고
너는 원력으로써 법을 두호하는 용이 되어라.

㈜ 도를 이룬 성인들이 우리들에게 진리를 가르쳐 주시지만 입을 통한 말로서는 그 뜻을 모두 완벽하게 전할 수가 없다. 말하지 않고 답하지 않아도 마음과 마음으로 모두를 잘 전달할 수 있는 것이다.

- 유(喩) … 깨우칠 유.
- 포곡(布穀) … 뻐꾸기.
- 전(篆) … 전자 전.
- 요(繞) … 얽힐 요, 두를 요.
- 후성(後聖) … 후대의 성인.
- 법종(法宗) … 법의 종장(宗匠).

삼 각 산 조 계 사

三角山曹溪寺

서울특별시 종로구 수송동 44번지(대한불교 조계종 제1교구 본산)

서울의 심장부인 종로 1가 제일은행 본점에서 안국동 로타리 방향 왼쪽 골목 안에 있는 조계사는 조계종 총무원이 설치되어 있으며 한국 불교의 제1포교 도량이다.

이 절은 1911년 당대의 불교계 거성이던 한용운과 이희광 두 스님이 중동고등학교 자리에 각황사(覺皇寺)란 이름의 절을 창사(創寺)한 다음, 법당이 완성되자 지금의 자리로 옮기게 된 것이다.

그러나 북한산의 태고사(太古寺)를 옮겨 오는 형식을 취해 처음에는 태고사라 부르다가 1954년 이 절을 중심으로 불교 정화운동이 일자 이름을 조계사라 고쳐 부르게 되었다.

그 후 종합 종단이 성립되었으나 얼마 후 태고종(太古宗)이 분리 독립하고 말았는데, 그래도 전국 대부분의 고찰은 조계종 산하에 들어갔다.

총무원에는 상징적인 존재이면서 구심점인 종정(宗正)을 최고 성직자로 추대하고 총무원장이 집행기관이 되어 있으며 결의 기관으로 종회(宗會)가 있고 조정 기관으로 장로원(長老院)이 있다.

번잡한 도시 중심부에 절이 있으므로 산사와 같은 조용하고 안정된 감은 나지 않으나 이곳에서 한국 불교의 위상이 결정된다고 생각하면 자못 감회가 달라진다.

늘 전국에서 출입하는 많은 스님들과 대덕들을 만날 수 있는 조계사는 명실공히 우리나라 불교의 중심지이다.

大雄殿 대웅전

真常寂滅樂涅槃相一如是

劫火燒海底風鼓山相擊

比如千日出照曜大千界

丕尊坐道場清淨大光明

佛子行道已來並得作佛

諸法從本來常自寂滅相

應觀法界性一切唯心造

若人欲了知三世一切佛

世尊座道場淸淨大光明　세존좌도량청정대광명
比如千日出照曜大千界　비여천일출조요대천계

劫火燒海底風鼓山相擊　겁화소해저풍고산상격
眞常寂滅樂涅槃相如是　진상적멸락열반상여시

若人欲了知三世一切佛　약인욕료지삼세일체불
應觀法界性一切唯心造　응관법계성일체유심조

諸法從本來常自寂滅相　제법종본래상자적멸상
佛者行道已來世得作佛　불자행도이래세득작불

세존께서 도량에 앉아 계시니 청정한 광명이
마치 천 개의 해가 뜬 듯 대천 세계를 밝게 비추시네.

영원히 꺼지지 않는 불 바다 밑까지 태우고
바람이 산을 서로 부딪치도록 불어닥쳐도
항상 고요하고 즐거워라.
이와 같이 열반의 든 상(相)이여.

만일 누구라도 삼세의 모든 부처님을 알려거든
모든 법계의 성품이 전부 마음으로 이루어졌음을 관하라.

모든 법은 본래부터 항상 적멸한 상(相)이니
불자가 이 도리를 깨닫고 행하면 내세에 성불하리라.

㈜ 이 주련은 여러 가지 게송을 모은 것인데 4가지를 강조하는 내용으로
짜여 있다. 첫째는 세존의 위대함을 찬탄했고, 둘째는 열반의 기쁨을 말
했고, 셋째는 법계가 마음으로 이루어졌다는 것을 말했고, 넷째는 불자
의 성불을 말하고 있다.
• 겁화(劫火) … 큰 삼재(三災) 중의 하나로 세계가 괴멸할 때 일어나는
큰 화재. 일곱 개의 해가 하늘에 나타나 초선천(初禪天)까지 모두 다
이 화재로 불타 버린다는 무서운 불꽃.
• 적멸락(寂滅樂) … 미혹(迷惑)의 세계를 영원히 벗어나는 경계로서 열
반에 드는 절대의 즐거움.
• 법계(法界) … 만유 제법의 본체인 진여의 세계.
• 상(相) … 볼 수 있고 알 수 있는 것의 모습을 의미한다.

因修十善三祇滿	인수십선삼지만
果修千華百福嚴	과수천화백복엄
逈寶山王碧海間	형보산왕벽해간
佩珠瓔珞白衣相	패주영낙백의상

한량없는 긴 세월 동안 십선을 닦은 인(因)으로
천 가지 영화와 백 가지 복의 과(果)를 누리시는
관세음보살께서 푸른 바다 가운데
패주와 영락(瓔珞)으로 단장한 백의 상으로 나투시네.

㊓ 관세음 보살의 공덕과 자비를 찬탄한 게송.
 • 십선(十善) … 신구의(身口意) 삼업(三業) 가운데 현저히 뛰어난 10가
  지 종류의 선행.

- 삼지(三祉) … 숫자로도 표시할 수 없는 긴 세월.
- 형보산왕(逈寶山王) … 관세음보살님.
- 패주(佩珠) … 보석의 일종.
- 영락(瓔珞) … 보석의 일종.

一音淸震三千界	일음청진삼천계
七辯宣談八諦門	칠변선담팔체문
運悲隨願應群機	운비수원응군기
此界他方拯六趣	차계타방증육취
俱爲五濁岸邊舟	구위오탁안변주
盡作三途昏處月	진작삼도혼처월

한 소식 맑게 삼천대천세계에 진동하여
보살의 칠변으로 팔제를 쉽게 설하시니
모든 중생 원을 세워 근기에 맞게 상응하네.
이 세상에서 다른 세상으로 향한 육취를 건지시며
배를 띄워 모든 오탁 넘어 피안으로 건너 주시며
삼도 어지러운 모든 곳에 달을 밝혀 주시네.

㈜ 어지러운 사바 세계에 사는 모든 중생들을 위해 보살은 한량없는 웅변
으로 설법하여 모든 중생들을 근기에 맞게 제도하고 삼도의 윤회를 끊
고 피안으로 인도해 주신다는 것을 게송으로 노래한 것.

• 칠변(七辯) … 불보살의 능통한 일곱 가지 변재(辯才).
• 팔체(八諦) … 세속과 절대 세계의 여덟 가지 진리.
• 육취(六趣) … 중생의 업에 의해서 윤회하는 여섯 가지의 세계 .
• 오탁(五濁) … 말세에 발생하는 피하기 어려운 사회적 정신적 생리적
인 다섯 가지의 더러움.
• 삼도(三途) … 지옥, 아귀, 축생을 말함.

能以妙手執蓮華　능이묘수집연화
接引衆生逈樂邦　접인중생형락방

有山有水乘龍虎　유산유수승용호
無是無非伴竹松　무시무비반죽송
靈鷲昔曾蒙授記　영취석증몽수기
而今會在一堂中　이금회재일당중

능히 오묘 청정무구한 불성의 힘으로
많은 중생을 극락정토로 인도하시네.

산이 있고 물이 있으니 용호(龍虎)가 즐기고
시비가 없으니 송죽(松竹)을 벗하네.
옛날 영산(靈山)에서 수기(授記)를 받은 분들이
지금 한 집안에 모여 계시네.

㊤ 중생을 낙토(樂土)로 인도하시는 보살을 찬탄하는 내용의 게송과, 법을
공부하는 사람들이 한 자리에 모여 열심히 공부하는 모양을 노래한 게
송.
• 묘수(妙手) … 뛰어난 솜씨나 교묘한 재주.
• 연화(蓮花) … 아름다운 연꽃. 상징적인 의미로 번뇌를 여읜 청정무구
한 불성(佛性)과 법성(法性)을 뜻함.
• 逈 … 멀 형.

德王殿 덕왕전

掌上明珠一顆寒　장상명주일과한
自然隨色辨來端　자연수색변래단
幾回提起親分付　기회제기친분부
闇室兒孫向外看　암실아손향외간

〈글·香花請, 글씨·海岡〉

손바닥 위 한 개의 밝고 영롱한 구슬
색은 빛깔따라 어김이 없어라.
몇 차례나 친절히 전해 주었건만
어리석은 아이들은 밖을 향해 찾도다.

㊟ • 명주(明珠) … 명월마니(明月摩尼)라고도 함. 보주(寶珠)의 빛이 밝은
　　달과 같으므로 이같이 말함.
　• 일과(一顆) … 한 알.
　• 아손(兒孫) … 중생(衆生)들.

鐘閣 종각(정면)

願此鐘聲遍法界 원차종성편법계
鐵圍幽暗悉皆明 철위유암실개명
三途離苦破刀山 삼도이고파도산
一切衆生成正覺 일체중생성정각

(글·眞鑑國師)

원컨대 이 종소리 법계에 두루하서
철위산의 깊고 어두움 무간지옥 다 밝아지며
지옥·아귀·축생의 고통과 도산의 고통을 모두 여의고
모든 중생 바른 깨달음 이루어지이다.

㊜ 종을 치는 스님의 마음이 되어 이 게송을 음미해야 한다.
• 철위(鐵圍) … 철위산(鐵圍山), 우주 가장 바깥쪽에 있는 산으로 모두
가 쇠로 되어 있다고 함.
• 삼도(三途) … 지옥(地獄), 아귀(餓鬼), 축생(畜生)을 말함.
• 도산(刀山) … 도산지옥(刀山地獄). 10 지옥의 하나. 곧 칼이 솟아 있는
산을 밟고 가는 고통을 겪는 지옥.

鐘閣 종각(후면)

阿彌陀佛在何方 아미타불재하방
着得心頭切莫忘 착득심두절막망
(글·나옹 스님)

念到念窮無念處 염도염궁무념처
六門常放紫金光 육문상방자금광
(나옹이 누이에게 준 글)

아미타불 어느 곳에 계실까
마음에 간직하여 잊지 말 것이니
생각 생각 이어가다 생각조차 끊긴 곳에 이르면
육근(六根)의 문에서 성스러운 금빛 광명 찬란하게 나오네.

㈜ 아미타불을 항상 마음속에 간직하여 잠시도 잊지 말고 생각하며 그의
감화와 원을 나의 수행의 지표로 삼고 귀의하면 결국 성불의 경지에 이
루게 되리라는 교훈이 담긴 나옹스님의 글이다.
• 무념(無念) … 생각하는 대상의 상(相)을 초월한 진여(眞如)의 본성을
관하여 마음까지도 여의는 것.
• 육문(六門) … 육근(六根)의 문. 육식(六識)은 '안식(眼識), 이식(耳識),
비식(鼻識), 설식(舌識), 신식(身識), 의식(意識)'이 육경(六境), 즉 안경
(眼境) 이경(耳鏡), 비경(鼻境), 설경(舌境), 신경(身境), 의경(意境)을
인식하는 경우 그 근원이 되는 여섯 가지 뿌리. 즉 안근(眼根), 이근
(耳根), 비근(鼻根), 설근(舌根), 신근(身根), 의근(意根)을 말한다.

태 조 산 각 원 사

太祖山覺願寺

충청남도 천안시 태조산에 새로 일어난 절

이 절은 제일교포 각열거사(覺列居士) 김영조(金永祚)의 시주를 얻어서 1977년에 창건한 새로운 절이다.

원래 태조사는 그 옛날 이 태조가 후삼국을 통일을 기원하고 기병(起兵)한 곳으로, 그 언덕에 남북통일을 염원하는 기도 가람을 세우려 한 것이 발원의 본뜻이다.

이 절이 특히 유명한 것은 높이 12m, 둘레 30m,귀 1.75m, 손톱 0.3m, 무게 60톤에 달하는 거대한 아미타불상과 엄청나게 큰 대종(大鐘)이 있기 때문이다.

많은 관광객들이 찾아드는 이 절의 언덕에는 203개의 계단이 있는데, 이는 한 발자국 내딛는 걸음마다 경건한 마음을 일게 한다.

203개의 계단은 108번뇌와 관세음 보살의 32화신 아미타불의 48소원 및 12인연과 3보(寶) 등 불법과 연관되는 여러 가지 숫자를 합해서 설정한 것이라고 한다.

聖鐘閣 성종각

已生不善諸煩惱 이생불선제번뇌
願永消除惑業因 원영소제혹업인
未起邪迷十惡纏 미기사미십악전
願不與心相續起 원불여심상속기

(글·至心發源)

이미 일어난 불선(不善)과 모든 번뇌와
미혹과 업의 인(因) 원컨대 모두 지워지소서.
아직 일어나지 않은 사된 미혹과 십악전(十惡纏)
원컨대 내 마음속에 일어나지 않게 하소서.

㊕ 수행자에게 가장 어려운 것이 마음 다스리는 일이다. 내 마음의 업인(業
因)과 미혹과 십악전(十惡纏)이 일어나지 않도록 기원하는 마음으로 종
을 치라는 뜻의 게송이다.
• 전(纏) … 마음을 얽어서 선을 수행할 수 없도록 하는 것들. 번뇌, 특히
수번뇌(隨煩惱)의 다른 이름임. 경부(經部)에서는 번뇌의 현행(現行)
을 말함.

欲界色界無色界　욕계색계무색계
早斷纏綿有漏因　조단전면유루인
染因染果染塵機　염인염과염진기
願向生生不相續　원향생생불상속

욕계와 색계, 무색계에서
속히 유루(有漏)의 인연을 끊고서
인(因)과 과(果)와 진기(塵機)에 물들지 말고
원컨대 생과 생이 상속되지 않게 하소서.

㊤ 한없이 윤회하는 삼계에서 모든 인연과 진기를 끊고, 모든 생에서 윤회
의 고리에서 벗어나 열반에 들게 하고자 하는 소망이 담긴 게송임.

- 유루(有漏) … 번뇌가 있는 것.
- 염(染) … 오염된다. 물든다.
- 기(機) … 불타의 교법을 받아 그 교화를 입을 수 있는 소질, 능력, 또
  는 교화의 대상이 되는 것. 즉 연을 만나서 발동할 가능성을 가지고
  있는 것을 뜻함.
- 진(塵) … 경(境) 또는 경계(境界).

順現順生順後業 순현순생순후업
三世因緣永滅除 삼세인연영멸제
破齊破戒破威儀 파제파계파위의
一切至心皆懺悔 일체지심개참회

금생의 지은 모든 업으로 생기는 과보와
삼세의 모든 인연 영원히 소멸되고
제(齊)와 계(戒)와 위의(威儀)를 범한 죄
그 모두를 진심으로 참회합니다.

㊟ 진실로 자기 자신을 반성하고 부주의로 생긴 모든 악업과, 실수로 계율을 어긴 모든 행동을 진실로 참회하고 반성하며, 앞으로 더욱 열심히 수행하겠다는 구도자의 결심을 말한 게송.

- 순현(順現) … 순현업(順現業)을 뜻하며, 금생에 지은 업의 과보를 금생에 받는 것.
- 순생(順生) … 순생업(順生業)을 뜻하며, 금생에 지은 과보를 다음 생에서 받는 것을 말함.
- 순후업(順後業) … 현세에서 지은 행업(行業)으로 제3생 이후에 받는 과보(果報).
- 파제(破齋) … 팔제계법(八齋戒法)에서 일주야에 지켜야 하는 계법(戒法)을 깨뜨리는 것을 말하며, 그 죄값으로 지옥 또는 축생으로 태어나게 된다.
- 파위의(破威儀) … 칠취(七聚) 중에 일제(逸提), 파라제(波羅提), 제사니(提舍尼), 돌길라(突吉羅), 악설(惡說) 등의 가벼운 죄를 범하는 것.
- 지심(至心) … 지극한 마음.

業障報障煩惱障　업장보장번뇌장
觀身實相性俱空　관신실상성구공
敬佛敬法敬眞僧　경불경법경진승
淸淨法身早熏現　청정법신조훈현

刹那生滅無常法　찰나생멸무상법
聚散循環有漏因　취산순환유루인

업장 보장 번뇌장 모든 장애를 끊고
내 몸의 실상을 살펴 성품이 공함을 깨닫고
부처님과 법과 스님을 공경하오니
청정한 법신 속히 나타나소서.

찰나(刹那)에 생(生)하고 멸(滅)함이 무상(無常)한 법
(法)이요
모였다 흩어짐은 유루(有漏)의 탓이로다

㈜ 내가 지은 온갖 업장을 모두 여의고 삼보(三寶)를 공경하며 나의 실상
(實相)이 공(空)함을 깨닫고 청정한 법신불(法身佛)의 품속에 안기고자
기원하는 소망이 담긴 게송.
• 업장(業障) … 업으로 인한 장애(障碍).
• 보장(報障) … 지옥, 아귀, 축생 등의 과보를 받아 불법(佛法)을 들을
수 없는 장애.
• 번뇌장(煩惱障) … 깨달음에 이르는 길을 방해해서 열반을 얻지 못하
게 하는 번뇌.
• 성(性) … 본래 갖추고 있는 성품. 물(物)의 실체.

■편저자■ 청남 권영한 —————

• 1931년 경북 안동 출생
• 연세대학 이공대 졸업
• 안동중학, 안동여중고, 경안중학교 근무
• 止上會(周易研究會) 회장 역임
• 덕은불교대학 교수
• 안동수필문학회 회원

■ 주요 저서
• 재미있는 꽃이야기
• 예불하는 마음에 자비를
• 우리 사찰의 벽화 이야기
• 한국 사찰의 주련 1, 2, 3
• 사진으로 배우는 관혼상제
• 김삿갓 시집 외 다수

한국 사찰의 주련 1

2017년 3월 20일 2판 1쇄 발행

저   자 ＊ 권영한
펴낸이 ＊ 남병덕
펴낸곳 ＊ 전원문화사

07689 서울시 강서구 화곡로 43가길 30. 2층
        T.02)6735-2100 F.6735-2103

E-mail ＊ jwonbook@naver.com

등록 ＊ 1999년 11월 16일 제1999-053호

        ⓒ 1997, 권영한